教科学習支援における母語支援者の当事者性獲得

宇津木 奈美子 著

風 間 書 房

目　　次

第 1 章　序論 …………………………………………………………………… 1
  1.1　言語少数派の人々を取り巻く学校教育の環境 ………………………… 3
      1.1.1　言語少数派の子どもをめぐる状況 ………………………… 4
      1.1.2　学校教育における二段化された指導形態とその課題 ……… 6
      1.1.3　学校教育における言語少数派の子どもの母語の位置付け ………… 8
      1.1.4　母語による教科学習支援とその課題 …………………… 11
  1.2　本研究の構成 ………………………………………………………… 15

第 2 章　先行研究 ……………………………………………………………… 17
  2.1　当事者の参画 ………………………………………………………… 17
      2.1.1　当事者とは ………………………………………………… 17
      2.1.2　当事者性とは ……………………………………………… 18
      2.1.3　研究者の研究関心から捉えた「当事者性」についての研究 ……… 22
      2.1.4　「当事者」になるプロセスに焦点をあてた研究 ………… 24
  2.2　言語と言語を取り巻く社会的環境との関係 ………………………… 29
      2.2.1　言語と社会的環境 ………………………………………… 29
      2.2.2　言語生態学 ………………………………………………… 31
      2.2.3　言語生態環境の保全を目指すサポートシステムの構築の必要性 … 36
      2.2.4　生態学的支援システムの構成メンバー ………………… 36
  2.3　日本の学校環境の教科指導におけるサポートシステムの必要性 … 39
      2.3.1　日本語指導と教科指導を統合する試み ………………… 39
      2.3.2　「教科・母語・日本語相互育成学習」 …………………… 42
      2.3.3　「教科・母語・日本語相互育成学習」を基にした実践研究 ……… 44

第 3 章　本研究の研究課題と方法論 ································ 49
　3.1　研究課題 ·· 49
　3.2　研究方法 ·· 49
　3.3　分析方法 ·· 51
　3.4　研究対象者とデータについて ································ 58
　3.5　本研究とプロジェクトと NPO の関係について ··················· 59
　　3.5.1　プロジェクトの内容について ························· 60
　　3.5.2　プロジェクトと「NPO 法人子ども LAMP」の関係について ······ 63
　3.6　教科学習支援について ·· 65
　　3.6.1　授業の流れ ·· 65
　　3.6.2　教材について ·· 68

第 4 章　留学生支援者の教科学習支援に対する意識【研究 1】 ··· 71
　4.1　はじめに ·· 71
　4.2　研究方法 ·· 73
　　4.2.1　研究課題 ·· 73
　　4.2.2　対象者について ·· 73
　　4.2.3　分析方法 ·· 74
　　4.2.4　インタビューにおける筆者のスタンス ········· 77
　4.3　分析結果 ·· 77
　　4.3.1　結果図 ·· 77
　　4.3.2　各カテゴリーについて ·································· 80
　4.4　考察 ·· 102
　4.5　まとめ ·· 104

第5章　留学生支援者による教科学習支援の実態【研究2】 … 107
- 5.1　はじめに ……………………………………………………………… 107
- 5.2　研究方法 ……………………………………………………………… 107
  - 5.2.1　研究課題 ……………………………………………………… 107
  - 5.2.2　対象者について ……………………………………………… 108
  - 5.2.3　対象となった支援の概要 …………………………………… 108
  - 5.2.4　分析方法 ……………………………………………………… 110
- 5.3　結果……………………………………………………………………… 110
  - 5.3.1　概念〔子どもの母語力を探る〕……………………………… 110
  - 5.3.2　概念〔国語の学習に母語・母文化背景を活かす〕………… 112
  - 5.3.3　概念〔オリジナル母語教材作成の工夫〕…………………… 117
  - 5.3.4　概念〔日本語支援者と連携する〕…………………………… 118
  - 5.3.5　概念〔子どもの目線になる〕………………………………… 120
- 5.4　考察…………………………………………………………………… 122
- 5.5　まとめ ………………………………………………………………… 124

第6章　子どもの母語ができる日本人支援者の教科学習支援に対する意識【研究3】 …………………………………………… 127
- 6.1　はじめに ……………………………………………………………… 127
- 6.2　研究方法 ……………………………………………………………… 131
  - 6.2.1　研究課題 ……………………………………………………… 131
  - 6.2.2　対象者について ……………………………………………… 131
  - 6.2.3　分析方法 ……………………………………………………… 133
- 6.3　分析結果 ……………………………………………………………… 136
  - 6.3.1　結果図 ………………………………………………………… 136
  - 6.3.2　各カテゴリーについて ……………………………………… 139
- 6.4　考察…………………………………………………………………… 153

6.5　まとめ …… 155

第7章　地域在住の日系南米人支援者の教材翻訳支援に対する意識【研究4】 …… 157
7.1　周辺化された日系南米人 …… 157
7.1.1　日系南米人の来日の経緯 …… 157
7.1.2　日系南米人の雇用環境 …… 158
7.1.3　子どもたちをめぐる周辺化の多重構造 …… 160
7.1.4　保護者と学校との関わり …… 163
7.2　研究方法 …… 165
7.2.1　研究課題 …… 165
7.2.2　対象者について …… 165
7.2.3　教材翻訳支援の概要 …… 169
7.2.4　教材翻訳支援における筆者の役割 …… 171
7.2.5　データ …… 175
7.3　分析結果 …… 178
7.3.1　結果図 …… 178
7.3.2　各カテゴリーについて …… 182
7.4　考察 …… 206
7.5　まとめ …… 209

第8章　総合考察 …… 211
8.1　各研究のまとめ …… 211
8.1.1　研究課題1のまとめ …… 211
8.1.2　研究課題2のまとめ …… 212
8.1.3　研究課題3のまとめ …… 213
8.1.4　研究課題4のまとめ …… 214

8.2　総合考察 ……………………………………………………… 215
8.3　結論 …………………………………………………………… 219
8.4　本研究の意義と今後の課題 ………………………………… 222

参考文献 ……………………………………………………………… 227
謝辞 …………………………………………………………………… 239

第1章　序論

　近年、日本における急速な国際化や、1990年の「出入国管理及び難民認定法」の改正の施行により在留外国人数は増加し、2017年12月現在で256万1848人（法務省 2018）となっている。その内訳は、オールドカマー[1]と呼ばれる特別永住者に加え、上述の法律改正の施行を契機にニューカマー[2]と呼ばれる日系人をはじめとする外国人の増加が著しく、これら家族と共に外国人の子どもが増加している。

　このような子どもに対応すべく、受入れの公立学校では、サバイバル日本語[3]から、教科学習までさまざまな対応がとられてきている。その中で、日本語のみならず子どもの母語を活かす支援の重要性も指摘されるようになってきた（太田 2002、湯川 2006など）。

　筆者は、2004年から子どもの母語を活用しながら教科学習を進めていくNPO法人子どもLAMP[4]のメンバーとなって、外国人の子どもや帰国生に国語や社会の学習支援を行ってきた。この支援では、母語を積極的に活用することから、子どもの母語話者が重要な役割を果たしていく。

---

1) 在日韓国・朝鮮籍の人々、華僑の子孫の3-5世を指す（中島 2010）。
2) 1970年代より入国してきた中国帰国者、及びインドシナ難民（ベトナム・ラオス・カンボジア）、1980年代からは研修生というカテゴリーの短期就労者、1990年代からは「出入国管理及び難民認定法」の改正の施行以降、南米から労働力として入国してきた日系人（ブラジル、ペルー等）を中心とする外国人、加えて、国際結婚の花嫁として入国してきた外国人を指す（中島 2010）。
3) 生活面での適応のために、来日直後の子どもたちを対象に実施されるプログラム。「健康」「安全」「学校生活」などの場面に応じて、日本語を使って目標行動を達成することがねらいである（齋藤他 2015）。
4) LAMPはLanguage Acquisition & Maintenance Project（第二言語習得及び母語保持育成プロジェクト）の略である。日本語を母語としない子どもを対象に、子どもの母語を活用した教科学習支援を行っている。現在は、公立中学の国際教室やセンター校を中心に支援活動を行っている。

支援は母語支援者と日本語支援者がパートナーとなって行われた。筆者は日本語支援者として中国語を母語とする留学生とともに国語の支援を行っていた。支援を受けていた子どもは来日間もない小学生で、筆者とは挨拶程度の日本語会話しかできなかったが、中国語支援では、活発に意見を言うなどして、うれしそうにしていた。中国語支援を担当していた留学生もさぞかし楽しかったのではと推察していたが、その留学生は「これからも日本に住むのに、なぜ、母語を使わなければいけないのか」と思っていたという。母語支援は、日本語支援では補うことが難しい内容についての理解を促していたことは明らかだったが、その留学生は母語支援を肯定できずにいた。

また、ある時、NPOで中学国語の翻訳教材（中国語版、ポルトガル語版、スペイン語版）を作成することになった。中国語版はNPOメンバーの留学生が担当したが、ポルトガル語話者やスペイン語話者がメンバー内にいなかったため、知り合いなどのつてを頼りに、翻訳者を探した。日本に住むポルトガル語話者やスペイン語話者の大半は工場勤務の人々である。これらの人々は仕事をしながらのため、時間的に厳しい状況であったが、子どものためならと言い、ていねいに翻訳を進めてくれた。完成した翻訳教材を自治体や学校、地域のボランティア教室などへ紹介した。学校や地域のボランティア教室では、母語支援者がいないところが多かったこともあり、概ね好意的に捉えてくれる人が多かった。しかし、翻訳教材の紹介時に、一部の人から「どのような人が翻訳しているのか」と問われることがあった。その際、ポルトガル語とスペイン語の翻訳者は工場で働きながら、翻訳してくれた旨を話したところ、「その人たちの翻訳は信頼してもいいのか」と翻訳の信ぴょう性を疑われることがあった。

これは、先述の法律改正の施行により来日した日系人を中心とする人々が、子どもの教育の当事者[5]として主体的に関わることの難しさを示している一

---

5) 「当事者」については2.1.1で詳述。

例だと言えよう。日本語優勢の社会や教育の場では、外国人の母語が言語資源として認知され、活用されることはまだまだ少なく、周辺的なものとして見なされることが多い。つまり、子どもの教育に関わる困難とは、外国人側が生み出しているのではなく、受け入れ側である日本人側が生み出していると言えるのではないだろうか。

　子どもの教科学習において母語使用を躊躇しているマイノリティである留学生、そして、日系南米人労働者による教材の翻訳が受け入れられないマジョリティである日本人が、なぜ、そのような考えに囚われているのか、どのような社会構造がその考えを生成しているのかを意識していくことが必要となるのではないだろうか。

　本研究では、外国人の子どもの教科学習支援を切り口に、子どもの実質的教育参加を支える外国人や母語ができる日本人が支援に参加することによってどのように当事者性[6]を獲得していくのかを明らかにすることを目的とする。

1.1　言語少数派の人々を取り巻く学校教育の環境

　本研究は言語少数派の子ども[7]（以下、子どもとする）の教科学習支援を切り口にしていくことから、子どもの置かれている学校教育環境について概観していく。

---

[6]　「当事者性」については2.1.2で詳述。
[7]　日本においては日本語を母語とする人々が言語多数派で、日本語以外の言語を母語とする人々が言語少数派である。子どもについて清田（2007）は圧倒的な日本語環境で日本語以外の言語を母語とする子どもという意味で「言語少数派の子ども」と呼称している。本研究も清田と同様のスタンスをとる。なお、本研究では単に「子ども」と記述されているものは、すべて「言語少数派の子ども」を指す。

1.1.1　言語少数派の子どもをめぐる状況

　まず、子どもがどのような教育環境に置かれているのか、統計資料を基に日本語指導が必要な外国人児童生徒数と高校への進学について概観していく。

　子どもの増加に伴い文部科学省は1991年（当時は文部省）より、公立小・中・高等学校・中等教育学校及び特別支援学校を対象に「日本語指導が必要な児童生徒の受け入れ状況等に関する調査[8]」を開始した。

　2016年度の調査によると、日本語指導が必要な外国人児童生徒は34,335人となり、調査開始後、最多となっている。母語別にみると、ポルトガル語が8,779人、中国語が8,204人、フィリピノ語が6,283人、スペイン語が3,600人となっており、これらの4言語だけで全体の約8割を占めている（文部科学省 2017）。

　しかし、この統計で掬い取られていない子どもたちの存在も指摘されている（宮島 2014）。それは、いわゆる不就学と言われている子どもたちの存在である。日本では日本国籍を持たない子どもを義務教育の対象とはしていないことから、潜在的に多くの不就学の子どもたちがいる。たとえ、就学したとしても、就学義務がないことを理由に、退学届や除籍といった手続きが日本人の子どもの不登校ほどには吟味されず、比較的容易に進められる傾向があるという（竹ノ下 2005）。子どもの権利条約（Convention on the Rights of the Child）[9]の第28条では、「初等教育を義務的なものとし、すべての者に対して

---

[8]　「日本語指導が必要な児童生徒」とは「日本語で日常会話が十分にできない児童生徒」及び「日常会話ができても学年相当の学習言語が不足し、学習活動への参加に支障が生じており、日本語指導が必要な児童生徒を指す」としている（文部科学省 2010）。しかしながら、この調査の留意点として、不就学の子どもは調査ができない点、日本語指導が必要だと判断する基準があいまいな点があげられる。なお、調査の実施については、平成3年（1991）度から行われており、平成11年（1999）度までは隔年、同年度から平成20（2008）年度までは毎年度実施されてきたが、調査文書等に関する学校現場の事務負担等の軽減の取組の一つとして、平成20（2008）年度以降は隔年度（偶数年度）実施に改められた。

[9]　日本は1994年に締約国となっている。

無償のものとする」と謳われている。この条約が遵守されていない日本に対して「人種差別撤廃条約[10]の委員会では、これらの子どもたちに、国籍を理由に義務教育としていないことが人種差別に当たるとして、改善が求められている」（山田 2011：124）のが現状である。

1990年の法律改正を契機に家族とともに多くの子どもたちが来日し、一方では、経済不況や東日本大震災の影響を受けて、経済的基盤及び生活基盤を失った家族とともに帰国に追い込まれる状況が生み出され、日本の経済や社会状況が子どもにも色濃く影響していることが窺われる。

次に、高校への進学率について外国人集住都市会議（2012）の報告を基にみていく。

外国人集住都市会議[11]（2012）は、会員となっている8県29市町に住む外国人生徒[12]（1,010人）を対象に、中学卒業後の進学について報告した。その報告によると高校（全日制）は533人で52.8％、高校（定時制）は222人で22％、高校（通信制）は26人で（2.6％）という結果だった。これに比べ、日本人の高校（全日制）への進学率は94％（文部科学省 2012）となっており、外国人生徒の進学率と大きな隔たりがあることがわかる。

また、同調査の「高校進学した生徒の日本語能力」によると、通常授業が理解可能な子どもは54.8％で、45.2％は通常授業の理解に課題があることが明らかになっている。詳細をみると、全日制では34.2％、定時制で66.4％に、通常授業の理解に課題があることが示されている。

日本における国籍別高校進学率（是川 2012）をみると、日本が97％、韓国

---

10) 日本は1995年に加入している。
11) 2001年に設立。ニューカマーと呼ばれる南米日系人を中心とする外国人住民が多数居住する都市の行政並びに地域の国際交流協会等をもって構成し、外国人住民に係わる施策や活動状況に関する情報交換を行うなかで、地域で顕在化しつつあるさまざまな問題の解決に積極的に取り組んでいくことを目的としている。
12) 2012年3月に卒業した生徒で、ニューカマーと呼ばれる生徒で「家庭内等で日本語以外の言語を使用している」または、「日本語のネイティブスピーカーではない」ことを学校が把握している生徒。日本国籍を有する生徒も調査対象の要件に当てはまれば対象とされている。

朝鮮が93％、中国が85.7％、フィリピンが59.7％、ブラジルが42.2％、米国が87.7％、英国が98.1％となっている。

この結果から、国籍間格差は大きく広がっていると言える。特に、フィリピン、ブラジル等のニューカマーと呼ばれる生徒の高校進学率が非常に低いことがわかる。高校進学は子どもの将来の選択肢の拡大につながるものである。この状況を鑑み、是川（2012）は、教育と労働市場との統合が困難となることを指摘している。もちろん、言語少数派の子どもの中にも、日本語が堪能で日本語による授業に十分ついていける子どもや、進学を果たしている子どももいるが、本研究における言語少数派の子どもとは、日本語の問題から、授業の理解が困難である子どもを指していく。

1.1.2　学校教育における二段化された指導形態とその課題

子どもの増加に対応すべく、自治体を中心にさまざまな日本語支援が行われている。

都道府県・市町村においては、担当教員[13]（常勤）の配置、子どもの母語を話せる相談員の派遣、担当教員の研修、指導協力者の配置、拠点校[14]や支援センターの設置、「特別の教育課程」による日本語指導などの施策が講じられている（文部科学省 2017）。「特別の教育課程」による日本語指導は2014年から新たに始まった。この日本語指導は、児童生徒が学校生活を送る上や、教科等の授業を理解する上で必要な日本語の指導を、在籍学級の教育課程の一部の時間に替えて、在籍学級以外の教室で行う教育の形態のことである（文部科学省 2014）。この指導は、児童生徒が日本語を用いて学校生活を営むとともに、学習に取り組むことができるようにすることを目的としている。今回の新たな施行により、学校教育において日本語指導が初めて特別の教科

---

13)　太田（2002：96）によると、担当教員は日本語教育の専門家というわけではく、たまたま日本語指導を担当することになったにすぎない一般の「教諭」であるとしている。
14)　日本語指導が必要な子どもを拠点となる学校へ集中して在籍させる形態。

課程として正式な位置を占め、全国どこでも共通の課題として位置付けられることになった（佐久間 2014）。これにより、地域格差や自治体、教育委員会および学校の意欲の格差などが是正されることが期待される（佐久間 2014、二井 2015）。

　学校における指導形態としては学校現場では日本語指導から教科指導へと段階的に移行する形態がとられているが、その移行は決して容易なものではない。バトラー（2011）は、アメリカの第二言語学習者である児童生徒1872名を対象に、リーディング力、ライティング力、口語力の調査をしたところ、幼稚園から在籍している英語学習者に限った場合、口語力は3年ほどで平均8割程度の到達度を示すものの、読み書きは5年〜7年を要していることがわかった[15]。この結果が示すように、日本語での日常会話はできるが、読み書きを中心とした教科学習にはついていけないという子どもが多いことが問題となっている（齋藤 2002）。教科学習に対応できる日本語力が育成されるまで、子どもは教科学習に参加できない状況が続く。この日本語学習から教科学習への移行という二段化された学習の問題点として、母国で継続されていた教科学習が一時的に停止される点にあり、認知的な発達が中断されるという点が問題となる。授業が日本語のみで行われた場合、子どもが母語の下で発達、蓄積してきた認知・情意・社会・文化面における既有能力の発動は限定的で、その結果、これらの既有能力は縮退する恐れがあることが指摘されている（岡崎眸 2010）。

　この言語環境の変化について、岡崎眸（2005：165）は「ある日、突然、慣れ親しんだ母国の生態系からアップルート[16]されたという点で、未知の生態

---

15) バトラー（2011）が対象とした学区は、保護者の社会的経済的状態が良好であったという。社会経済状況と英語習得の間に高い相関関係があることから、バトラーは口語が3年、読み書きが5年〜7年という結果を英語学習者全体に当てはめることの危険性を述べている。また、家庭環境、学校環境、教員の資格、カリキュラム、授業時間数、施設などの格差の影響も考慮が必要だとしている。
16) 岡崎眸（2005）によると、「アップルート」は生まれ育った土地から根こそぎ引き抜かれること、「ダウンルート」は、未知の社会（日本など）に根づくこととしている。

系である日本へのダウンルートは、成人に比べてさらに困難であると考えられる」と発達途上にいる子どもと成人学習者との課題の違いを指摘している。来日後、子どもたちは来日前に培ってきた母語や文化や習慣、価値観を断ち切られ、日本社会や、学校社会へ飛び込まなければならない。そして、日本の学校に入ると、日本の教育制度や文化に適応することが期待され、同時に、日本語で行われている教科の授業内容の理解が期待されている。

半ば強制的に日本の学校文化へのダウンルートが進められることになると、言葉の違いから授業が分からないという学習上の問題や、文化・習慣の違いから「周囲と喧嘩をする、孤立している、皆と一緒に行動できない」(齋藤 2009：19) といった状況が生まれ、問題視されることになる。これらの状況の背後にある問題が根本的に解決されない中、教師や言語多数派の子どもからは、「日本語が不十分だから授業が分からなくても仕方がない、文化や習慣が違うのだから、みんなのやっていることになじめなくても仕方がないといった受け止め方」(岡崎眸 2005：166) をされ、子どもは「見えない存在」となり、学校における子どもの周辺化がますます進んでいく。

子どもが母国で培ってきた母語や母文化などの資源を活かしつつ、新たな生態系へダウンルートを促し、子どもが継続的に発達できるように支えていくサポート環境が必要となるが、そのようなサポート環境をどのように構築していくかが課題としてあげられる。

次節では、子供が生活の大半を過ごす学校において、母語がどのように位置付けられているのかを概観し、その課題を明らかにしていく。

1.1.3 学校教育における言語少数派の子どもの母語の位置付け

岡崎眸 (2010) は母語を年齢相応の「認知・情意・社会・文化能力と一体化した既有能力」と定義している。つまり、母語は、単純に言語として単体で捉えるのではなく、言語と学年相応の認知・情意・社会・文化能力が緊密につながりを持って支え合っている総体として捉えることができる。本研究

でも岡崎眸（2010）の定義に従い「母語」を単に言語として捉えるのではなく、「認知・情意・社会・文化能力と一体化した既有能力」とする。

　文部科学省が学校関係者向けに発行している『外国人児童生徒受入れの手引き』（文部科学省 2011）では、教科学習における取り出し指導や入り込み指導において「（子どもの）母語がしっかりしていて、支援者や教員が児童生徒の母語ができる場合は、母語で補助しながら進めることが有効です」（文部科学省 2012：26）と述べられている。このように、文部科学省では、母語は学習における「補助」としての位置付けとなっている。

　野津（2010）は、これまでの言語学習と支援についての研究は、日本語支援と学校適応に必要な日本語習得に議論が特化され、母語教育はほとんど顧みられることはなかったと指摘している。日本の学校現場では言語少数派の子どもの教育においては、日本語の習得が最優先という大前提に立っている（太田 2002）。一方で、他の言語の価値は軽視され、子どもたちの母語や母語能力に対しては、否定的な評価しか与えられないと述べている。先にも述べたように、子どもが母語による学習を継続できないことは認知上の発達を一時的に中断させることになる。さらに、これまで母国で学んできた知識や経験をもとに発展させていくのではなく、学ぶ内容においてもゼロからの出発を余儀なくされる。これを岡崎敏雄（2004）はスクラップ・アンド・ビルドの考え方として疑問を呈している。このスクラップ・アンド・ビルドの考え方は、母語で形成されてきた子どもの言語・認知能力・情意面の発達・社会・文化的能力の持続的発達を中断する（すなわちスクラップする）ことを前提として、代わりに第二言語である日本語の言語能力を「ゼロから作り出す（すなわちビルドする）」ものとして行うことを指す。子どもたちが母国で培ってきた既有知識や母語が活かされず、ゼロから作り上げた日本語のみで教科学習に参加するのであれば、学齢期に認知・情意・社会・文化的能力が十分に発達できないまま、社会に出ることを余儀なくされている子どもを生み出すことになる。

このように、子どもの母語は学校において周辺化されているが、母語の位置付けについて親はどのような意識を持っているのだろうか。ここでは、親を対象とした調査（石井 2000、原 2002、松井・早野 2007、塚原 2010）を中心に親の意識を見ていく。
　石井（2000）はポルトガル語を母語とする子どもの父母369人を対象にアンケート調査をしたところ、「一部の科目は母語で学習できるような学校があればそこに通わせたい」、「可能な場合には母語で書かれた（日本の学校用の）教科書を用意してほしい」という項目に肯定的な判断傾向がみられるとしている。原（2002）は小学校に通う子どもの親6人にインタビュー調査を行っているが、石井と同様に「母語ができることが児童の将来の可能性を広げることにつながる」という意識が確認された。松井・早野（2007）は小学校・中学校に通う子どもの父母17人にアンケート調査とインタビュー調査を行ったところ、「母語が理解できる教師の存在」を望む親の要望があったことを報告している。塚原（2010）は南米系の父母23人にアンケート調査を行った。その結果、「学校では、子どもが私たちの言語を維持できるようになんらかの支援が行われるべきだ」という問いに同意する回答が多かったという。この結果から母語保持や母語支援に対して高い期待があることがわかる。しかし、その一方で、「実際に何をすればよいかという具体的方策が父母に充分見えていない、あるいは父母自身が仕事など日常の忙しさの中でそうした対応に手がまわらない」（石井 2000：131）という現状も述べられている。具体的な手立てが学校と親、双方にないまま、学校に対しても「母語教育まではとても望めないと、多くの親があきらめているのかもしれない」（松井・早野 2007）と、もはや期待感を持つことができなくなっている状況が生じている。
　これらの親を対象とした調査から、親は母語保持や母語支援に対して高い期待感を寄せているが、学校においてはその実現が難しいと感じていることが示されている。

以上のことから、子どもの認知的発達を阻害することなく教科学習を継続し、子どもの多様な言語や文化背景が尊重され、さらには、親などの大人の教育参加を可能にする学校教育をどのように行っていくかということが課題として浮かび上がってくる。

　次節では、学校現場で行われている母語による教科学習支援の試みの特徴と課題について人的資源の活用の視点で検討していく。

1.1.4　母語による教科学習支援とその課題

　ここでは、子どもの母語を活かした学習支援の取り組みとして、横浜や神戸などの例を挙げ、その課題を述べていく。

　横浜市国際交流協会と横浜市内の中学校が協働で学習支援を行ったモデル事業[17]（横浜市国際交流協会 2003）について述べる。この事業では教科の教師と子どもの母語ができる学習支援ボランティアがペアになり、中国語を母語とする中学生に教科指導を行った。学習支援においては、教師が主導し、学習支援ボランティアの役割は基本的に先生の指導内容の通訳という役割の理解ではじまった。教師と母語話者ボランティアと子どもが同席しているクラスで、母語話者ボランティアが教師と対等の立場で授業に参加しているという場面は、子どもに自分の母語が周辺的なものではないという強いメッセージを与えることができるが、母語支援者は通訳での参加やサポーターとしての立場を期待されることから、サポーターが子どもの母語で培われた既有知識を引き出しながら主体性を持って授業を進めることは困難であり、副次的

---

17)　このモデル事業は（財）横浜市国際交流協会が行った（（財）横浜市国際交流協会 2002、2003）。その背景は、第1に、「母語を活かした学習支援」自体に取り組んでいる現場が少なく、あったとしても教員の個人的な知り合いに、臨時として頼むというような状況がみられ、長期的な支援が不可能であること。第2に、ボランティアの大半は日本語による指導しかできないので、多様な子どもへの対応が困難であること。第3に、支援に教員が不在の場合は、教科の専門的知識や教育手法が曖昧なまま、独自で対応せざるを得ないことがあげられる。このような状況を鑑み、（財）横浜市国際交流協会では、子どもの母語ができるボランティアが学校で先生とペアになって子どもの学習を支援する実践を実施した。

な参加にとどまっているという問題も考えられる。

　兵庫県では、子どもにかかわる母語教育支援事業を2006年より3年間行った。子どもが多く在籍する小・中学校で事業希望があった学校を母語教育支援センター校に指定し、母語を思考基盤とする学習言語の習得の支援と、アイデンティティの確立を目的とした母語教育を行った（母語教育支援センター校等連絡会 2009）。この支援は、Cummins（1984、1996、1989、2000）の「二言語相互依存の原則[18]」を背景理論として行われている。真嶋（2009）は、母語での理解を深めながら日本語の理解を促していくと時間はかかるが、長期的にはよい結果を生む可能性が高いとし、母語による支援の必要性を指摘している。

　指導内容は、各センター校によって差があるが、母語教育支援センター校等連絡会の報告によると「あいさつ、母語の読み書き、母国の文化、算数（演算）、教科書の日本語を母語に置き換える」などである。成果としては、「母語・母文化への興味関心が高まった」、「学習意欲が高まった」、「生活言語、学習言語の習得につながった」などがあげられている。課題としては、教材の準備・開発の困難、「読む」、「書く」の領域まで到達することの困難が指摘されている。

　これまで、子どもの日本語教育は日本語指導や適応指導ばかりが着目されてきたが、このような母語教室が学校に設置されるようになり、母語指導が行われてきていることから、学校教育において母語の有効性が認知されはじめていると考えられる。しかし、指導内容を見ると、指導法は確立しておらず、指導法を模索している状況であった。学年相応の認知力にあった課題を

---

18) 子どもの第一言語と第二言語は別々に発達するのではなく、相互に依存しあって発達するというもの。概念や読み書きに関係する能力（共有基底言語能力）は二言語間で共有されているとされる。たとえば、英語が母語の子どものように、第一言語で「政治＝government」の概念をすでに既有知識として獲得している場合、新たに、第二言語による概念形成は必要がなく、この第一言語ですでに獲得した「government」の概念に第二言語の「政治」というラベルを貼る作業を行うことになる。つまり、第一言語を保持、活用することで、子どもの認知面を活性化し、第二言語にもつながると考えられる。

提示しながらの指導ではなかったため、認知面での発達を十分に促すには至らなかった例もある。

　群馬県太田市では、バイリンガル教員[19]を採用し、国際教室で指導を行っている（池上・末永 2009）。バイリンガル教員とは、採用条件として「日本もしくは外国での教職員免許を取得していること」「日本語とポルトガル語（もしくはスペイン語）のバイリンガルであること」が定められている。日本語指導助手は教員免許を取得していないことから、これまで、教科指導は担当せず、国際教室での通訳という役割を担っていた（池上・末永 2009）。

　つまり、教員免許を取得することで、役割が変わり教科指導が可能になったということになる。バイリンガル教員の役割は「単に語学としての日本語を指導するのではなく、教科指導と子どもたちの心のケアを徹底させることで、これは複雑な概念や学習場面で求められる言語項目は、指導初期のころから日本語と母語を併用して指導することによって習得が促され、これが主要教科の理解度の向上につながるという考えに基づいている」（池上・末永 2009：19-20）という。実際の授業ではポルトガル語が母語の小学校2年の子どもに、かけ算の導入を行っている。進め方については、教科書の挿絵や具体物を見て、日本語を繰り返し使用し、導入を行い、同時に子どもの母語の呟きを拾い、随時母語を使用して内容を確認したとある（池上・末永 2009）。このように、母語は媒介語として援用され、教科理解を助ける補助的な位置付けとされている。

　子どもの母語話者が学校教育で正式な教員として採用され、子どもの教育に当たるということは画期的なことで、さらなる前進だと言える。しかし、

---

19) 太田市教育委員会が求人広告を出したハローワークによると「日本もしくはブラジルの教員免許習得、日本語能力試験1級程度」を応募の条件としている。（http://job.j-sen.jp/hellowork/job_3562348/　2012年4月10日取得）。これに対して池上・末永（2009）は日本語学習者が能力試験1級に合格していたとしても、学年に応じた教科指導が行えるか、日本の学校事情を理解できるかは保証の限りではなく、1級取得という資格条件はバイリンガル教員の能力基準としては十分ではないとしている。

一方で日本語能力試験1級程度という日本語レベルと教員免許の取得という高い条件が課せられている。就労目的で来日し、日本語を学ぶ機会が少ない南米人が多い中、この条件をクリアできる人がどれほどいるのだろうかと疑問を呈さずにはいられない。母語を活用した支援において使用される言語も日本語が中心で、母語は援用されるにとどまっており、子どもの「認知・情意・社会・文化能力と一体化した既有能力」が活かしきれずにいる。

　以上、子どもの母語を活かした学習支援の試みを概観してきた。

　兵庫県で行われた母語教育支援事業において、母語支援者が子どもの日本語の理解に貢献していたが、読み書きに代表される認知力を促すまでには至らなかったと言える。横浜市国際交流協会と横浜市内の中学校が協働で行った学習支援事業は、教師と母語話者ボランティアが協働で教科学習の指導にあたったが、ボランティアは教師のサポーターとしての役割という認識が学校側とボランティア側双方に強くあったことから、母語話者ボランティアはあくまでも副次的な関わりにとどまっていた。群馬県太田市のバイリンガル教員は、高い専門性や、母語話者である強みも持ち合わせていたが、母語は媒介語として援用され、やはり、補助的な位置付けでの活用となっている。

　このような位置付けは、支援現場だけではなく、支援者を対象とした研修の場でもみられる。

　塚原（2010）は東海地方のT市教育委員会外国籍児童生徒指導助手であるブラジル人5名に半構造化インタビューを行ったところ「外部での研修機会がないことが残念だ」という感想が述べられたと報告している。学校現場で日々子どもと向かい合いながらも、その経験を適切に解釈し、よりよい指導へとつなげるための知識を持ち合わせていないことをもどかしく感じているという（塚原 2010）。

　学校における子どもの日本語指導については、学校だけではなく地域全体で取り組むことが肝要とし、日本語支援者を対象にさまざまな研修が行われている（文化庁 2004、2013、2016）。しかし、その対象となる支援者は日本人

が圧倒的に多く見受けられ、そこからは、支援をする日本人、支援をされる外国人という二分法による構造が浮かび上がってくる。

それでは、母語支援者が、このような二分法の環境から脱却し、子どもの教育の当事者として主体的に参加していくにはどのようにすればいいのだろうか。

そこで、本研究では、子どもの教科学習支援に参加した母語支援者を取り上げ、周辺的な参加から主体的な参加へ移行するプロセスを支援者の意識の面から明らかにし、学校教育における当事者の参画の可能性を示唆したい。

1.2 本研究の構成

本研究は、以下の8章から構成される。

第1章では、学校教育における言語少数派の子どもたちの状況とその課題、そして、言語少数派の大人が置かれている学校教育へ参加の現状と課題を概観し、彼らが当事者として主体的に参加できる言語環境の構築の必要性を述べた。第2章では、「当事者の参画」と「生態学的支援システム」の二つの理論背景をもとに言語少数派の人々や母語支援者の学校教育への参画の意義を検討し、研究の目的を述べる。第3章では、研究の概要と分析方法について述べる。第4章では、母語を活用した教科学習支援に対して懐疑的だった留学生支援者がどのように当事者性を獲得したのかを明らかにする。第5章では、第4章の対象となった留学生支援者の当事者性獲得を支えた教科学習支援の実態を明らかにする。第6章では、子どもの母語ができる日本人支援者が教科学習支援に対してどのように当事者性を獲得したのかを明らかにする。第7章では、地域在住の日系南米人が教材翻訳支援に対してどのように当事者性を獲得したのかを明らかにする。第8章では、第4章～第7章で得られた知見をまとめ、今後の課題を述べる。

第 2 章　先行研究

　第 1 章では、学校教育における子どもの状況と、その教育になかなか関わることができずにいる子どもの周辺にいる大人の状況を述べた。日本語が授業言語の学校現場では、子どもが、母国で培ってきた学年相応の認知能力を活かすことが難しく、子どもの周りにいる大人もまた、子どもの教育に参加することに困難を余儀なくされている。子どもの学習支援に関わろうとしても、日本語による支援が望まれることが多く、母語による支援は副次的なものにとどまっているという状況が明らかになった。

　本研究では、その構造を明らかにした上で、子どもの周辺にいる大人が当事者として学校教育に主体的に参加するために、誰が何をどのようにするべきか、そして、この状況を可能にする環境をどのように構築するのかを論じていく。

　最後に、残された課題を提示する。

2.1　当事者の参画

2.1.1　当事者とは

　「当事者」については、社会学や福祉教育の領域で活発に議論が行われている。

　中西・上野（2003：3）は「当事者」を「ニーズを持った人」と定義し、「現在の状態を、こうあってほしい状態に対する不足ととらえて、そうではない新しい現状をつくりだそうとする構成力を持ったときに、初めて自分のニーズとは何かがわかり、人は当事者になる。ニーズはあるのではなく、つ

くられる。ニーズをつくるというのはもう一つの社会を構想することである」と述べている。つまり、当事者という概念はあらかじめ決められた固定的なものではなく、動的なものだと捉えることができる。また、人は誰でも当事者になりえるが、最初から当事者であるわけではなく、実態を理解し、その中でニーズ（＝課題）を設定し、新たな状況に転換を図ろうとするときに、はじめて当事者となると言える。

この中島・上野（2003）による当事者の定義に対し、松岡（2006）は、ニーズを意識化している人々のみを当事者と捉えてよいのであろうかという疑問を呈し、問題のまっただ中にいるにもかかわらず問題を意識化しえていない人々は、潜在的な当事者ではあるが、その自覚を持てずにいるのではないかと主張している。言語少数派の人々もまた、言語や文化などの文化資本を排除され不利益を被っている。このように問題のまっただ中にいたとしても、なぜ、そのような排除を受けているのかということを意識化するのは難しい。

松岡（2006）は、「非当事者」についても言及している。自分を「非当事者」と意識している人々が、実は何らかの「当事者」であり、社会的に抑圧されている「当事者」をめぐる問題を自らの問題として意識し、その解決の動きの中に参加・同伴することによって新たな「当事者」になるとしている。つまり、いわゆる「当事者―非当事者」という二項対立的な枠組みにおける「当事者」ではなく、問題の解決に寄与する（すべき）人間としての当事者がいかに形成されるかが課題となるとしている。

それでは、人はどのように「当事者」となっていくのだろうか。

2.1.2 当事者性とは

松岡（2006：18）は、「当事者」が介在しない「非当事者」の教育・学習中心の福祉教育・ボランティア学習が推進されたりすることを懸念し、「当事者性」という考え方の必要性を述べ、以下のように「当事者性」を定義して

いる。

> 「当事者性」は、個人や集団の当事者としての特性を示す実態概念というよりも、「当事者」またはその問題的事象と学習者[20]との距離感を示す相対的な尺度と捉えられるべきであろう。「当事者」またはその問題との心理的・物理的な関係の深まる度合いといってもよい。

また、松岡（2006）は「当事者性が高め深められる」ことの例として、気軽にボランティアを始めた後、徐々に対象者が身近な存在となり、その人との関係抜きには自分の生活を考えられなくなるような状況や、「社会的に恵まれない、かわいそうな人」という発想から抜け出て、対象者の抱える問題を自分にとっての問題と捉えるようになり、対象者がともに解決のための行動を起こす仲間になったりすることを挙げている。また、「当事者」と弁別化されている人たちの「当事者性が高め深められる」例として、具体的な福祉サービスの質や内容に関心をもっていたのが、地域や国家の福祉政策によって自らがコントロールされている実態に気づくようになることなどを挙げ、「当事者性」を高め深めることは、このような問題意識を持ち、主体的に解決に向けての具体的行動に移そうとする実践だとしている。

平野（2012）はこの「当事者性」に着目し、高校生エイズ・ピア・エデュケーション[21]の実践の分析を通して、「当事者性」の概念を再定義している。

> 「当事者性」とは、他者と関わる実践と対話を通して、つまり関係性において育まれる。「生きにくさ」を生み出している世界のあり方に自覚的になる態度や志向である。「当事者性」は関係性、相互性において生成、変容する概念であり、それを「関係性としての当事者性」と名づけたい（平野 2012：117）。

平野（2012）は、実践を通して、「当事者」の持つ「当事者性」が、「非当

---

20) 教育や学習の場における学生や生徒などを指す。
21) 詳細は2.1.4で述べる。

事者」に意識の変容を引き起こしたという。平野は「当事者」と「非当事者」との連環的関係性を明らかにしている点で意義があるだろう。

日本語教育においては、中島（2007：92）[22]が「当事者性」は、誰が当事者かという対象を定義するものではなく、社会問題に関わる人々の問題に対する解釈やそこに現れる人間関係の変化の過程に注目する概念と説明している。

地域社会と外部（例えば大学）との関係性については、市沢（2010：168）は、地域が外部とさまざまな依存関係を結ぶことでより自立できると仮定した上で、「当事者性」を自覚するということは、自分がさまざまな関係の中の一人であり、そのような諸関係の中で活動する一人であることを自覚することであり、本人の自覚や心構えの次元の問題ではなく、自分の位置を諸関係の中に、見出すという営みであるとしている。

以上、「当事者」と「当事者性」について議論してきた。ここで、本研究における当事者性について検討していく。

岡崎敏雄（2005a：545）によると、言語少数派の人々は「対象となる言語の当事者」として弁別されていると言う。支援者—被支援者の関係性においては、被支援者という視点で弁別されている。教育そのものや教育制度の面から言うと、日本の公立の学校現場では、日本語による学習に一面化されており、子どもたちが母語の下で育成された「認知・情意・社会・文化能力と一体化された既有能力」（岡崎眸 2010）が発動されず、学年相応の認知的活動が中断される状況が生じている。一方、子どもの保護者等家族は仕事が多忙を極め、日本語を学ぶ機会を持てずにおり、子どもの教育への参加が困難な状況となっている。また、教育制度においては、子どもの権利条約に「初等教育を義務的なものとし、すべての者に対して無償のものとする」と謳われているにも関わらず、この条約が遵守されていない。その結果、不就学の

---

[22] 詳細は2.1.4で述べる。

子どもの存在もある。ブラジル人学校等の民族学校は不認可の学校が多く、日本政府からの助成が受けられないことから、学校経営が立ち行かない状況もみられる。福祉教育の領域と同様に周辺化され、「当事者」として介在が困難な言語教育が施されており、言語少数派の人々の言語的多様性は保持されにくい。

　このように、言語少数派の人々は課題を抱えた言語環境の中におり、課題の主体であるにも関わらず、それを意識化できずにいる。

　一方、「対象となる言語の非当事者」に弁別されている言語多数派である日本人が「当事者」となるには、松岡（2006）が述べているように、対象者（言語少数派の人々）が抱えている課題を自分にとっての課題だと意識し、解決に向けて行動を起こすことで「当事者」となりえるだろう。

　それでは、この課題を意識化するためにはどのようなプロセスが見られるのだろうか。

　このプロセスを、成人学習論の枠組みの一つである「意識変容の学習」を基にみていく。

　クラントン（2005：204）は「意識変容の学習」を以下のように定義している。

　　　　意識変容の学習は自己を批判的にふり返ろうとするプロセスであり、私たちの世界観の基礎をなす前提や価値観を問い直すプロセスである。価値観は必ずしも変えられるわけではないが、検討はされる。つまり、それらの価値観のもととなることを明らかにし、そのうえでその価値観を受け入れて正当化するか、あるいは変更したり、否定したりする。

　このプロセスは、三輪（2009）によると、自分がこだわる「パースペクティブ」（ものの見方や方向性）や「価値観」（その人が受け入れている社会的原理）に気づくことから始まり、さらに、その価値観を生み出している「前提」（当然だと思っていること）を省察しながら、新たな価値観を受け入れ、

統合していくプロセスになると説明している。しかし、このような意識変容のプロセスは容易に起こるものだろうか。クラントン（2005）は、子どもとの比較において、成人における意識変容の学習の難しさと同時に大切さを指摘している。子どもの学習は「形をつくること（forming）」を重視するのに対し、成人学習はすでにある経験や価値観の形を変えること（transforming）に重点がある（三輪 2009）。いったん形作られた意識の一部をとり崩す必要がある意識変容の学習は、さまざまな点で困難になると言う。それゆえ、意識変容の学習は、一人で行うのではなく他者の存在が必要となり、他者との言語を媒介とする相互作用によって、意識変容の学習は進められていく。

　先にも述べたように、言語多数派の人々と言語少数派の人々が、支援者—被支援者の関係性を持ち、その関係性を当然のものとして受け入れているのだとしたら、その価値観の前提について双方が考えるべきであろう。また、言語少数派の子どもに不就学が多いのであれば、その前提となっている制度がどのような状況になっているのか疑問を持たなければならないだろう。このような社会的課題への意識化が必要となるが、三輪（2009）が指摘しているように、意識の転換は難しいと言わざるを得ない。しかし、他者の存在、すなわち、言語少数派と言語多数派の人々双方の対等な関わりにおける相互作用によって、課題の意識化は可能だと考える。

　言語少数派の人々も多数派の人々も、「当事者」・「非当事者」という二項対立的概念を払拭し、社会やコミュニティにおいて、言語を取り巻く環境がどのように形作られているのかを捉え、課題を意識化し、ともに課題解決へ具体的に行動を起こしたときに人は「当事者」となると考える。

　次節では当事者をめぐる議論を整理していく。

2.1.3　研究者の研究関心から捉えた「当事者性」についての研究

　日本語教育において、誰を「当事者」とみなすのかについて整理していきたい。

青木（2008）は、学習支援における母語話者支援者を「外国人である、あるいは外国にルーツを持つという意味で、当事者である」としている。学習支援も日本語を母語とする研究者や専門家が作ったカリキュラムや教科書に従わせるのではなく、母語話者である当事者と母語話者である学習者が話し合いながら学習していく権限を与えるべきだと述べている。その上で、日本語学習支援という社会的実践の中心的役割を母語話者である当事者が果たすようになって初めて、マイノリティとマジョリティが対等な関係を持てる可能性が生まれると指摘している。

　池上（2007）は、地域日本語教育の実践と研究の成果が、地域日本語教育の当事者に届いていないのではないかという疑問を投げかけている。地域においては、ボランティアも地域日本語教育の場への参加者として「共に学ぶ」関係が本来求められるはずである。しかし、実際は、ボランティアと学習者の関係は「教える―教わる」、また、ボランティアを対象とした研修講座では、養成を担う機関とボランティアが「養成する―養成される」という関係性となり、本来の「共に学ぶ」関係から離れていることを指摘している。池上（2007）の言う地域日本語教育の当事者とは、支援の場を形成しているボランティアであり、学習者であり、養成を担う機関それぞれを指していると言える。

　青木（2008）の例から言うと、日本語教育において「外国人である」という点では、その外国人は間違いなく当事者と言えるだろう。その背後には、マイノリティである外国人とマジョリティである日本人という二項対立的な関係性が生起している。また、池上（2007）の例から言うと、地域日本語教育における学習者とボランティア、ボランティアとボランティア養成機関という二つの関係性において、それぞれが当事者と言えるだろう。さらには、青木同様、「教える―教わる」、「養成する―養成される」という二項対立的関係性も浮上し、研究者の関心によって自明視された「当事者」の存在が浮かびあがってくる。

しかし、筆者は人は最初から当事者となりえるものではないと考える。その社会に起こっている問題に対して他者との関係性を通し、その問題に関わっていることを自覚していくことで当事者になると考える。当事者となるプロセスは、社会問題に関わる人々の問題に対する意識や解釈、また、他者との関係性によっても異なり、一様ではない。そこで、次節では、日本語教育のみならず、社会学や福祉教育に領域を広げ、当事者になるプロセス、すなわち当事者性の獲得の様相を明らかにしていく。

2.1.4 「当事者」になるプロセスに焦点をあてた研究

平野（2012）は、社会学の領域で、高校生エイズ・ピア・エデュケーション[23]の活動を分析している。平野（2012）に倣いまとめると、この活動は大阪の府立高校と地元の保健所との連携で行われている。この活動の中に「エイズ当事者」との対話がある。この対話は「当事者」が啓発の対象者に語るという一方向のベクトルではなく、メッセージを受け取る高校生もまた他者に伝えるメッセンジャーであるという構造が生まれるという。さらに、高校生は当事者排除という課題を超え、共生の視点を持とうとし、「HIV 陽性者とともに生きる」というメッセージに重点が移るようになる。また、当事者の話を聞くことで、高校生たちは自らの体験と重ね合わせ、日々の生活で感じる家庭や学校、自身のからだ、人間関係、経済的問題などさまざまな場面や形で表象している「生きにくさ」を感じ、さらには、それらに立ち向かっていこうとする姿勢を見せるようになった。

平野（2012）によると、この「生きにくさ」への気づきが自らの「当事者

---

[23] ピア（peer）とは「仲間」の意味であり、医療や福祉領域で、同じ障害や病気である者どうしの援助活動―ピア・カウンセリング―などで使われてきた用語のこと（平野 2012）。エイズ・ピア・エデュケーションとは、若者が同世代に働きかけるエイズ予防活動のスタイルであり、欧米諸国だけでなくアジア、アフリカなどで広く実践されており、日本では2000年前後に、エイズ・ピア・エデュケーションの全国展開のシステム構築やピア・アプローチに関する研究が数多くなされ、これまで各地で実践が試みられてきた（平野 2012）。

性」への気づきであるとしている。この気づきとは、個人が感じていた壁を社会に刻まれていた境界線として認識すること、さらに「当事者」の言葉にヒントや勇気を得て、自分の中にある境界の越え方を模索し、傷つけられて見失っていた自己の再認識、再構成を始めるという。

このような実践を経て、平野（2012）は、「当事者性」とは、他者と関わる実践と対話を通じて、その関係性において育まれ、「生きにくさ」を生み出している世界のあり方に自覚的になる態度や志向だと定義づけている。

平野（2012）は「非当事者」と位置付けられる高校生が、「当事者」との対話を通して、「当事者性」を獲得しているプロセスを描き出している。そして、この対話を通して、高校生たちの内的な課題もまた浮きぼりにされていった。これを可能にしたのは不断の対話とそれによって作り上げられた信頼関係だと言える。

次に、福祉教育の領域から野尻（2014）の「当事者性」に関する研究を述べる。

野尻（2014）は、学習意欲に欠け、生活習慣が不安定な子どもについてのケーススタディを報告している。スクールソーシャルワーカーが調査した結果、子どもの家庭環境に問題があることがわかったという。子どもの家庭は母子家庭で、母親はうつ病を患い、生活保護を支給されている。母親は、悩みながらも必死に子育てをしていたという。また、生活保護を受けていることが情けないと感じていたり、近隣の家から、虐待（ネグレクト）家庭として白い目で見られていると感じていたりしたという。つまり、子どもの家庭は多くの課題を抱えながら孤立していたのである。そこで、スクールソーシャルワーカーが子どもを取り巻く環境[24]を支えるための地域ネットワークを作ったという。その結果、親である母親が安定することで、子どもの学校

---

24) 子どもを取り巻く環境とは、学校・家庭・地域および家族・親戚・友人・近隣の住民・過去の関わり・育ちのプロセス・地域性などを指す（野尻 2014：21）。

生活も安定し、学習意欲が高まったという。この結果に代表されるように、野尻（2014）は社会からの孤立や排除が家族のシステムの機能不全を引き起こしているという。その中で育った子どもたちもまたパワーレスに陥り、自己肯定感の低下につながり、貧困の再生産へとつながる構造が生じるという。これらは、子どもたちが自分たちの努力だけでは解決できる問題ではないことから、子どもたちこそが生活の問題を抱えた当事者であるとしている。子どもの抱えるさまざまな課題の背景には、家庭環境や生育環境、学校環境があり、課題解決には、地域や学校などのチームで取り組むことが必要不可欠だと主張している。

　この例は、日本人家族の例ではあるが、社会からの孤立や排除が家族のシステムの機能不全を起こしているという点で、言語少数派の人々の例にも重なるものがある。野尻の例は地域や学校による協働的支援で解決をみた。しかし、言語少数派の家族の場合、言語的な問題で社会から孤立あるいは排除されるケースもあり、さらに、状況は厳しくなるのではないだろうか。

　次のケースはボランティア学習からの実践研究（盛・津田 2014）で、上述の言語的な問題で排除されていた家庭への支援についてである。

　筆者の一人である盛は、中国語を母語とする女性で、同じ中国人で、障害児を育てる家庭をボランティアとして支援した。盛・津田（2014：5）は「なぜ、この家庭は日本人家庭のように、障害者に対する制度を簡単に利用できないのか。また、ボランティアはこの家庭が抱える深刻な問題状況にどのように貢献できるのだろうか」という課題意識を持ったという。支援を続けるうちに、サービス利用の阻害要因になっているものが、文化と言語であることを確信したという。また、支援当初は中国人家族に対して「友だちさえいなくてかわいそう」と同情的な理解であったが、支援を続けるうちに、中国人家族を取り巻く、学校、親子、近隣住民、支援機関との関係性や状況の一つひとつに課題を見出し、その課題が盛自身の課題ではないかと感じるようになったという。この支援を通して、盛と中国人家庭の母親との間に相

互主体的で協働的な関係が構築され、その過程には盛の「当事者性」の高まり[25]があったという。

　盛・津田（2014）の研究は、問題の解決に自発的に取り組み、その支援の過程において、中国人家庭の問題が盛自身の問題であるという意識に変容した点で、問題の当事者となったと言える。しかし、一方で、文化的差異が生み出す不利益はどのように解消できるのか、また、ボランティアはどのように介在できるのかといった点に具体的に迫ることはできなかったことを課題に挙げている。このように、盛・津田（2014）は言語や文化の壁を感じていながらも、それらに対する具体策については、明らかにされていない。

　最後に、日本語教育の領域から中島（2007）の「当事者性」に関する実践研究を述べる。

　中島（2007）は、ニューカマーの教育問題における日本人の「当事者性」を明らかにするために、愛知県内の外国人集住地区でニューカマーの児童生徒を対象に放課後学習支援活動を行っているNPOの中心メンバー3人へのインタビュー調査と、中島がボランティアスタッフとして活動した経験を事例として分析した。

　このNPOは親とともに活動に取り組むことを主眼としていたが、実際は、親がほとんど関与しない状態で、NPOの支援者が、中学校へ子どもを連れていったり、警察署などへ迎えにいったりしていた。このような対応の結果、NPOから親へ提供するだけの一方的な関係になっていったと言う。NPOが親の代行者を務めることになれば、子どもの状況や日本の学校や社会の現状が容易に見えないし、語れないことを理由に親は蚊帳の外に置かれており、「当事者」であるはずの親が周辺化されることになる。そこで、新たな関係性を構築するべくNPOは「代行者」としての役割を放棄したという。「問

---

[25] 問題の核心から遠ざけられていた学習者（この場合は支援者である盛を指す）が、問題の核心に触れることによって「当事者性」を持ち、変容の深まりのプロセスが焦点化されること（盛・津田　2014：7）。

題」に関わるそれぞれの立場の「当事者性」は、相手の「当事者性」を認めたところから新たに出発した。そして、「日本人としてどのような『当事者性』を持つか」という問いをたて、意見や情報交換、そして、ニーズを共有する関係づくりを行い、支援－被支援の二項対立から脱却していったと述べている。

　中島（2007）も、平野（2012）などのように、関係性の構築から、日本人スタッフと親との当事者性を捉え直していった。中島（2007）は、親が子どもの教育の「当事者」になるということは、子どもが直面する困難さに親自身も向き合う責任を引き受けることだとしている。一方で、親自身の言語や労働面の困難さについても言及している。中島は親の抱える困難に向き合い、親との関係性を捉え直した上で、それぞれの立場でできることを提供しあう関係づくりの再構築を目指すことの重要性を指摘している。

　以上、社会教育、福祉教育、日本語教育の領域からそれぞれの「当事者性」について概観してきた。対象となったのは、エイズ、貧困、障害者、外国人家庭などの少数派の人々である。平野（2012）は、エイズ当事者との関わりを通して、高校生が非当事者から当事者へ変容していく過程を描き出している。野尻（2014）は、母親の抱えるさまざまな問題から、母親のみが当事者とみなされがちだが、実は、その家族である子どもも問題の当事者であるという視点の重要性を指摘している。そして、その問題解決には、周囲との関係性の構築が必要だと述べている。盛・津田（2014）は、障害者のいる中国人家庭の支援に関わった経験を通して、中国人家庭が抱える問題が、支援者である盛自身の問題だという意識に変わり、平野（2012）と同様に、非当事者から当事者への変容の過程が描かれている。最後に中島（2007）は、支援者と非支援者という二項対立的な関係から、情報・ニーズの共有を図ることで、この関係性から脱却している。

　これらの研究から当事者性の獲得は、環境の改善や関係性の構築の過程に生まれるということが明らかになっている。この中でも、家庭環境による周

辺化は親子でその影響を受けていることが明らかになった。

野尻（2014）の報告からは、母子家庭である親子が学校や地域社会から孤立していき、その結果、子どもの良好な生育環境が保たれないという状況であった。盛・津田（2014）、中島（2012）の報告では、言語面の困難さから、親が日本の制度や文化面から周辺化され、その結果、障害児でありながら、日本の制度が受けられないというような具体的な影響が子どもに生じている。つまり、社会的周辺化は、親世代のみならず、子どもにもその影響が色濃く反映していくと推察される。

それでは、この親子間で継承される社会的問題はどのように作られていくのだろうか。次節では、この問題について論じていく。

2.2 言語と言語を取り巻く社会的環境との関係

2.2.1 言語と社会的環境

ブルデュー（1990）は、統計的調査[26]を基に、社会的格差（階層、家族、社会関係の格差など）が生み出される構造を教育的視点で捉えている。ブルデュー（1990）は、この社会的格差が生み出されるプロセスには、個人の所有する文化資本（capital cultural）が関わっているとし、これを「身体化された文化資本」、「客体化された文化資本」、「制度化された文化資本」の三つに分類している。

最初の「身体化された文化資本」とは、家庭環境や学校教育を通して各個人のうちに蓄積された知識・教養・技能・趣味・感性としている。次の「客

---

26) ブルデュー（1990）は、フランスにおいて1963年、1967～1968年（追加）の二回にわたり1217人を対象に調査を行った。対象者はパリなどの都市部と小都市部に住む人々である。調査内容は、家族構成、最終学歴、年収、父親と父方の最終学歴・職業、家具・インテリア・服・小説・テレビ・ラジオなどの好み、人を招待するときの料理、音楽や映画・絵画に対する造詣についてなどである。

体化された文化資本」とは、書物・絵画・道具・機械のように物資として所有可能な文化的財産だとしている。最後の「制度化された文化資本」とは、学校や制度やさまざまな支援によって賦与された学歴・資格等としている。これらの文化資本の価値は、支配的階層が押し付ける文化的恣意（arbitraire culturel）[27]と、それぞれの集団や階級の中での家族における教育的働きかけによって得る文化的恣意との距離によって決定されると言う（ブルデュー、パスロン1991）。

　ブルデューらはこの文化資本を構築する大きな要素に言語資本をあげている。ここで言われている言語資本とは、言語を巧みに扱うというような個々のレベルではなく、むしろ社会集団が受ける有利・不利を捉えようとしているもので、このような状況は個人が受けてきた教育や社会的出自によって生じ、選別の過程で、暗黙裡に社会的基準、すなわち文化的恣意との親近性が近い上層階級に有利に、民衆階級に不利に分配される（宮島 1994）。

　これらの構造は、人々の思考を外から枠づけるような作用を果たしてはいるが、その構造や作用についてはほとんど意識されていないという。さらに、それらは特定の階級内や所属している集団、親子間への文化資本の配分の構造を再生産する傾向があり、同時に社会構造の再生産にも影響を及ぼしている（ブルデュー、パスロン1991）。このような再生産の構造を変えるためには、教育システムと社会諸階級間の関係のシステムの構築の必要性を指摘している。

　この文化的再生産論を、日本における言語少数派の人々の状況に言語資本の視点で照らし合わせるとどのように捉えられるだろうか。言語少数派の人々が言語多数派の中に参入した場合、教育言語が言語多数派の人々の言語

---

[27]　宮島（ブルデュー、パスロン 1991解説）によると、学校などによる教育的働きかけによって教え込まれる意味は、いかにも前提のないように見えたとしても、選択され、解釈を加えられたものとなる。また、こうした価値づけを行うものは、集団の力の優劣関係の影響が大きいとしている（宮島 1994）。「arbitraire」に「恣意」という日本語訳があてられてはいるが、宮島らの見解から、「arbitraire」は「権威」および「権力」に近いものだと考えられる。

に入れ替わることで、言語少数派の人々の言語の優位性も失われるだろう。よって、家族が蓄積してきた文化資本が今後さらに成長し、拡張していくことは容易ではないと考える。その結果、言語少数派の人々の言語を介在としてなされる知識・教養・技能などに代表される「身体化された文化資本」は減少の一途をたどることになると考えられる。さらには、教育言語が多数派言語である日本語であることから、学校などの「制度化された文化資本」からも排除されることになる。このように、言語少数派の人々は言語の介在を必要とする「身体化された文化資本」と「制度化された文化資本」という二つの文化資本から排除されることになり、書物などプロダクトとして所有可能な「客体化された文化資本」も残すことが困難だと考えられる。先にも述べたように、文化資本を構築する大きな要素に言語資本があると言われている（ブルデュー、パスロン1991）。つまり、言語少数派の人々の言語資本と日本語の力関係の差は拡大し、言語少数派の人々は周辺化していくことになる。さらに、この構造が、言語少数派の人々が所属している集団や親子間で継承され再生産された場合、子どもの教育、進学および就職などの将来の展望は持ちにくくなると考えられる。

　言語の多様性と社会的環境のつながりや言語と社会的環境の保全を考える上で、一つの手がかりとなるのが、「言語生態学」である。次節では、この「言語生態学」について述べて行く。

2.2.2　言語生態学

　本節では、言語を社会環境との関わりから捉える生態学的（ecological）な視点から見ていく。

　大石（1999）によると、生態学は20世紀初頭に始まり、動物生態学と植物生態学の二つの分野に分かれていたという。その後、生態学は、動物と植物を含めた生物同士のつながりや、物質やエネルギーの循環を研究対象とし、総体的な生態学へと発展していった。そして、環境保護運動が高まり始めた

1970年ごろからは、生態学は環境汚染、人口問題、食料やエネルギー消費と密接な関係となっていた。その結果、生物学の領域であった生態学は、自然科学と社会科学の架け橋となる総合的な学問となっていった（大石 1999）。このような経緯を経て、自然科学の一領域であった生態学は、環境中心主義（ecocentric）・地球中心主義（geocentric）の世界観を持つようになった（ヴァンリア 2009）。

　ヴァンリア（2009）によると、自然科学の領域である動植物の生態学を社会科学の領域へ移すためには、「生態学」という用語とその関連概念を社会学的研究に応用可能なものに修正する必要があったという。例えば、植物と動物の観点から湖沼を一つの生態系として叙述することと、二つの言語の共同体の行動やそれに影響を及ぼす環境因子を分析することには本質的な違いがあり、後者のほうがはるかに複雑であることが多いとしている。言語の生態学は話し手とその社会を扱うという点で、動植物の生態学とは異なるとしている。

　このような社会現象としての言語研究である社会言語学の領域に「言語生態学（Language ecology）」という概念を最初に応用したのは、Haugen (1972) である（ハールマン 1985、Mühlhäusler 1996、2000、Skutnabb-Kangas 2000、Hornberger 2002、岡崎敏雄 2005a など）。社会言語学の中では新しい領域となるが、言語変化、言語変種、言語接触、二言語使用、言語の標準化という研究を通して、言語生態学にも関心が払われてきた（ハールマン1985）。

　言語とその言語を取り巻く環境をつながりの中で考える「言語生態学」は「ある所与の言語とその言語を取り巻く環境との相互交渉的関係の学である」（Haugen 1972：325、岡崎敏雄 2005a：509）と定義されている。この言語環境は、認識、情意、コミュニケーションや教育、社会、文化、政治、経済などの人間の営みによって形作られている。このような環境の中で、言語はどのように機能しているのか、また、言語とそれを取り巻く環境との相互関係はどのようになっているのかを明らかにしていくのが言語生態学である（岡崎

敏雄 2005a、2009)。つまり、言語の状況だけに着目するのではなく、言語と環境のつながりを捉えていく。もし、言語が社会においてうまく機能していない場合は、その要因の追求した上で、言語環境の改善が求められる。言語生態学は、このような特徴を持つことから多言語政策（言語計画）の一つの視点として注目されている。

Hornberger (2002) は、言語計画に必要となる三つのテーマをあげている。まず、言語がその生態系の中で、他の言語とともに共存し進化をとげていくこと（言語進化）。次に、その言語が社会的、経済的、文化的環境と相互に作用すること（言語環境）。最後に、生態系において、他の言語と同等で十分な環境的サポートがなければ、その言語は喪失することになるということ（言語喪失）である。同様に、Mühlhäusler (2000) も、言語計画の目的を言語の標準化に置くのではなく、その生態学的多様性を重視するとしている。この多様性が重視され言語を取り巻く環境が整えば、言語話者は well-being（身体的・精神的・社会的に良好な状態）な状況となるという。つまり、言語が、認識、情意、コミュニケーションや、教育、社会、文化、政治、経済活動といった人間の諸活動において機能しているということになる。

ここで、「言語環境」と「生態学的言語環境」の意味の違いについて整理していく。

文化庁が示すような定義[28]によると、「言語環境」とは、言語生活や言語発達にかかわる文化的、社会的、教育的等の環境を言う。子どもであれば、これらの環境の中で、言語が育まれていくことが望まれている。

他方、「生態学的な言語環境」とは文化庁の定義ももちろん含まれるが、その言語（例えば母語）が他の言語（例えば日本語）とともに、社会の中で機能し、共存し、進化し、その言語の多様性が認知される環境があるかどうか

---

28)「言葉遣いに関すること」（文化庁ホームページより）http://kokugo.bunka.go.jp/kokugo_nihongo/joho/kakuki/20/tosin03/03.html〈2016年8月17日取得〉

が問われることになる。もし、共存ができない場合は、その言語（例えば母語）そのものが、言語話者や言語話者が生活する社会から失われていくことになる。つまり生態学的な言語環境とは、言語の共存、進化および喪失にまで関わる環境を指している。

Mühlhäusler（2000）は、その言語が機能せず、喪失する状況が生まれるとしたら、その言語に問題があるのではなく、言語を取り巻く生態学的な環境に問題があるとしている。

Skutnabb-Kangas（2000）は、言語の多様性が認知され、守られるということは、人権としての言語権（linguistic human rights,human rights of linguistics）であると主張している。この人権としての言語権が守られるために、言語とその話し手の行動をコントロールしている社会的諸関係の全体網の解明が、言語生態学の使命とされている（ハールマン 1985）。

本研究の対象は日本に在住している言語少数派の人々である。日本における言語少数派の人々の生態学的環境に着目している岡崎敏雄（2005a、2009）は、ある言語（例えば母語）と生態学的環境の関係性について次のように説明している。

図2-1[29]を見ると、言語は、教育、文化、地域、認識、コミュニケーション、政治などの社会的環境の中にある。これを①「言語生態環境」と呼んでいる。また、この言語生態環境の中で、言語が機能しているかどうか、その状態を②「言語生態」と呼ぶ。もし、言語が機能しているのであれば、「言語生態がよい」という表現となる。本研究も岡崎敏雄（2005a、2009）に倣い、この二つの呼称を使用する。

第1章で述べた言語少数派の人々の学校教育における言語生態と言語生態環境の課題として以下の3点があげられる。

①授業言語が日本語に一面化されているため、子どもは実質的な授業参加

---

29) 岡崎敏雄（2005a、2009）の「言語生態環境」と「言語生態」についての記述を基に筆者が作成した。

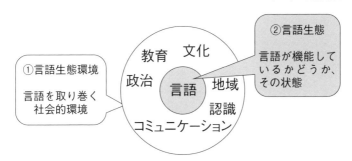

図2-1　言語生態環境と言語生態の関係図

が困難となっている。
②そのため、「認知・情意・社会・文化能力と一体化した既有能力」が発動されず、学年相応の認知発達が中断されている。
③授業が日本語に一面化されていることは、言語少数派の大人の教育参加も困難にしている。

岡崎敏雄（2005a：505-506）によると、このような言語環境の下で言語少数派の人々は以下の事態に陥ることになる。

　日本語に対しての子どもの受け止めは「日常生活には使えるが、学習にほとんど機能しない。現在の学習の他に、将来の進学や就職につながる知識や技能を獲得できない言語である」という受け止めになる。他方、母語に対しては「自分を支えるのに使えない言語であり、周囲の人々も使わない言語である。また、将来の進学や就職につながる知識や技能を獲得できない言語である」という受け止めになる。このような状況であれば、子どもにとって、日本語と母語の言語生態は、どちらもうまく機能していないと言える。
　家庭内のコミュニケーションについては、「親が子どもに母語で話しかけ、子どもは日本語で返すなど、母語も日本語も家庭内のコミュニケーションの言語として十分に機能しなくなる」、「その一つの結果として、家庭教育を行うための家庭教育言語として母語が次第に機能しなくなる」状況が生み出されている。

以上のように、学校のみならず家庭内でもコミュニケーションの不全が生じ、親もまた、日本語を学ぶ機会が制度化されていないため、日本語習得があまり進んでいない。

以上が言語少数派の人々の言語生態環境と言える。それでは、このような言語生態環境をどのように保全[30]すればいいのだろうか。

2.2.3　言語生態環境の保全を目指すサポートシステムの構築の必要性

岡崎敏雄（2005a、2009）によると、言語保持の目的は、言語の多様性の存続を可能にすることとしている。そのためには、一つの言語（例えば日本語）のみを保持・育成するのではなく、他の言語（例えば母語）の保持・育成が必要となるとしている。言語の消失は言語話者の意志や言語政策者の意図によるものではなく、積極的に言語を保持・育成しようとするサポートが受けられないことによって失われていく。

つまり、諸言語の多様性を認め、保持・育成するには、言語生態環境の構築をサポートするシステムが必要となる。

2.2.4　生態学的支援システムの構成メンバー

先にも述べたように、ある言語（例えば母語）が機能せず、喪失する状況が生まれるとしたら、その言語自体に問題があるのではなく、言語を取り巻く言語生態環境に問題がある（Mühlhäusler 2000）。それでは、その言語生態環境を保全するシステム（以下、生態学的支援システムとする）をどのように構

---

[30]　環境省の「自然環境保全法」によれば、環境保全の目的は、自然環境の適正な保全を総合的に推進し、国民の健康で文化的な生活の確保に寄与することとある。同法の目的に「生物の多様性の確保」がある。これは、生態系の多様性、種における多様性、遺伝子の多様性など、各々の段階でさまざまな生命が豊かに存在できるようにすることが目的とされている。言語生態学も自然科学の一分野であり、言語の多様性、言語生態環境を重視している。よって、本研究でも言語の多様性やその個々が持つ豊かさを維持するために行動していくことを「保全」とする。
http://law.e-gov.go.jp/htmldata/S47/S47HO085.html〈2016年10月1日取得〉

築するといいのだろうか。

　言語生態環境は言語政策と密接な関係があることから、政策の専門家によって進められることがほとんどであった。JSL（Japanese as a Second Language）カリキュラム[31]やそれに付随する教材の開発も文部科学省の主導によるものである。これらの施策に対して、子どもの個々の言語背景、生育過程、言語の熟達度も異なる学習者を対象にカリキュラムを作成することが困難であることや、カリキュラムを生かせる体制が学校現場で整っていないという指摘がなされている（中島 2010）。学校現場からは教科とカリキュラムの単元が一致していないことから具体的な使い方がわからない等の疑問があがっている（高橋 2009）。このように、政府によってトップ・ダウンで行われる施策の場合には、良心的な施策であっても、さまざまな背景を持つ個々の現場すべてにマッチするわけではないことが以前から指摘されている（岡崎敏雄 2005a）。

　松田（2009）は、オーストラリアの言語政策の例を示し、行政は問題をマクロに捉えていることから、個別の問題が見えにくくなることを指摘し、行政と個人レベルの問題に精通した「媒介力」を持つ人材の必要性を述べている。このように、言語の施策が行政機関や専門家のみによって推進されるのではなく、さらに範囲を広げて、コミュニティや、そこに住む人々の参加を推進するようなボトムアップ的なアプローチが必要となる（Kaplan & Baldauf 1997）。

　Mühlhäusler（2000）、岡崎敏雄（2005a）は、このボトムアップによる言語生態環境の保全には、専門家のみならず、コミュニティの成員を含めた非専門家の参画、とりわけ、対象となる言語の当事者、つまり、言語少数派の人々らが参画することが必要であるという。

　非専門家の参画の必要性については、生涯学習論の分野でも議論されてい

31）　詳細は2.3.1で述べる。

る。津田（2011）は、「特別な支援」というと、特別な知識や技術をイメージし、そのため、「専門性」や「専門家」に依存することになるとしている。「専門性」や「専門家」へ依存する態度は、当事者（本研究においては、上述の子どもの母語話者支援者や、あるいは、子どもの母語に精通している日本語支援者）と社会を引き離す危険性を指摘している。「専門性」や「専門家」への依存は、社会排除と密接に結びついていることに気づき、社会において「専門性」や「専門家」がどうあるべきなのか問う必要性を指摘している。

　津田（2011）にあるように、言語生態環境の保全においては、専門家のみに依存するのではなく、すべての生活を営む人々の参画の必要性があるだろう。

　言語生態環境の保全を目指すサポートシステムの構築には、専門家のみならず非専門家の参画が必要とされ、ボトムアップアプローチによる保全と、対象となる言語の当事者および非当事者の参画が必要で、その参画がどのように計画・実施・改善・評価されているのか、その過程が重要視されるという。

　学校における子どもの教科支援に携わっているのは、圧倒的に日本人が多いが、この教科支援に、子どもと同じ言語的資源を持つ子どもの親や、その近親者、あるいはそのコミュニティで生活する母語話者、さらには、子どもの母語に精通している日本語支援者が参画することで、子どもの言語生態環境が保全され、言語生態も良好なものとなると考えられる。

　それでは、日本の学校環境ではどのようなサポートシステムが必要となるのだろうか。これを明らかにするために、次節では、学校ではどのような教科指導が行われているのかを具体的に提示し、その課題を探り、その上で具体的なサポートシステムについて提示していく。

2.3 日本の学校環境の教科指導におけるサポートシステムの必要性

　第1章でも述べたように、多くの学校現場では、まずは、日本語学習を行い、日本語ができるようになるのを待ってから教科学習に進むという、二段化された指導法が採用されている。この二段化された指導法の問題点は、母語で行われてきた教科学習が中断されることで、学年相応の認知力も分断される恐れがあることである。この問題の解決を図るべく、さまざまな対策が施されている。次節では、日本語指導と教科指導を統合する試みを概観し、その上で課題を提起していく。

2.3.1　日本語指導と教科指導を統合する試み

　日本語学習から教科学習への移行を図るべく、言語少数派の子どもを対象とする教材や指導法、カリキュラムなどが開発されてきている。ここでは、教科学習を対象としたカリキュラムと教材をとりあげ、その特徴と課題について述べていく。

　代表的なものが、文部科学省が開発したJSLカリキュラムで、2003年度に小学校編、2007年度に中学校編の報告書が公開されている。また、このカリキュラムによる実践もいくつか報告されている（菅原 2009、山中 2009など）。このカリキュラムは初期日本語指導が終了後の「取り出し教室の授業」に適用され、在籍学級への橋渡し的役割を担っており、指導は学校現場の教師を中心とした指導者によって行われている。齋藤（2009）をもとに、JSLカリキュラムを整理する。齋藤（2009：43-44）はJSLカリキュラムがねらいとする日本語能力を「教室での学習に日本語で参加する力」としている。教室での学習活動に参加する上で必要となる「学校における授業展開や学習スタイルについての知識・経験」「各教科の学習スキル」「思考や認知的活動」と日本語の知識・技術とを統合した力の育成が目指されており、この力を「学ぶ

力」とよんでいる。この「学ぶ力」は Cummins（1996）が提唱する「言語能力発達モデル」における「学習言語能力[32]（Cognitive Academic Language Proficiency・CALP）」に相当し、この育成を目指しているという。

　この JSL カリキュラムに対してはいくつかの課題も挙げられている。高橋（2009）は、収録されているトピックが膨大で、なおかつトピックと教科単元名が違うことから、実際に使用されているケースが少ない点、また、現場教師からは具体的な使い方がわからないという声もあることから、現場と開発研究機関が有機的に関連性を持つことを課題にあげている。中島（2010）は、教師の実践的力量に依存することから、負担も大きく、教育経験が豊かな指導者でないと活かしきれないとしている。岡崎眸（2010）は JSL カリキュラムによる学習が、「外国人」の子どもを対象として特別に開発された教材を使うことで、在籍級の授業との関連がつきにくいという点を指摘している。

　松田らは JSL カリキュラムによる取り出し授業が、在籍級の授業と有機的に連動しにくいという課題を指摘し、リライト教材による教科学習支援の試みを行っている。以下、松田・光元・湯川（2009）の知見をまとめる。

　リライト教材とは「日本語の習得が十分ではない子どもたちが入国後の早い時期から在籍学級の子どもの日本語力に合わせてわかりやすい表現に書き換えた教材のこと」である。リライト教材による学習の目的は子どもが「日本語による学ぶ力」を身につけ、在籍級の教科学習活動に積極的に参加し、認知の発達段階にあった学年相当の学習活動を行えるようになることである。ここで松田らが言う「学ぶ力」とは、上述の齋藤と同様 Cummins の「CALP」を指している。授業の担当は取り出し授業は日本語指導教員、在籍学級の授業は在籍学級の担当教員が行っている。取り出し授業で日本語指

32）Cummins（1996）は、二言語併用の子どもの言語能力を生活言語能力と学習言語能力の二つに分けて説明している。生活言語能力は場面への依存度が高く、認知的負荷の少ない生活場面での会話を中心とした言語能力で、学習言語能力は文脈への依存度が少なく認知的負荷の高い言語能力としている。教科学習では、この学習言語能力が必要だとされている。

導教員による個別指導を行った結果、編入半年後には、学年の国語科の目標に照らし合わせると、学年相当の「日本語による学ぶ力」が育成されたとしている。そして、それに連動する在籍級でも日本語を母語とする子どもたちと共に学ぶ学年相当の学習が可能となったとしている。

この実践は先のJSLカリキュラムと比較すると、取り出し授業と在籍のクラスで同じ教材文を扱うことで、両者の関連性も生じている。その結果、子どもも見通しを持って在籍級の授業に臨むことができることから、積極的な参加の姿勢が望めるだろう。しかし、松田らは小学校低学年を対象としている。小学校高学年、中学生ともなると、抽象的な表現が多くなり、その場合、子どもの日本語力に依存した易しい日本語によるリライト教材で抽象概念をどこまで表現できるのか、また、リライト教材が抽象概念の獲得にどこまで貢献できるのか疑問が残る。

この学習活動に対して、岡崎眸（2010）は、子どもの母語をはじめとする既有能力が発動される場面は限定的で、母語と新たな言語である日本語との間にネットワークが形成され、それが拡大されるという見通しがあまり立たない点をあげている。その結果、母語をはじめとし、母語の下で発達・蓄積してきた認知・情意・社会・文化面における既有能力と関わりをもたない形で新たな言語である日本語の習得が進み、その一方で母語を初めとする既有能力は縮退するとしている。

以上、日本語と教科の統合を目指した取り組みを概観してきた。日本語指導と教科指導の統合において課題となることは、JSLで指導を進めた場合、実際の教科学習との関連がつきにくいこと、そして、「易しい日本語」で指導を進めた場合、子どもの学年相応の抽象概念の獲得がどこまでできるのかという課題が浮上してきた。特に、この「易しい日本語」が今後、主流となっていった場合、ますます、子どもの母語は排除され、その結果、認知・情意・社会・文化能力と一体化した既有能力が生かされず、スクラップ・アンド・ビルドの形で、日本語が新たに作られていくことになり、子どもの学

年相応の認知発達の分断が引き起こされる恐れがある。

　JSLカリキュラムにおいては、先にも述べたように教室での学習活動に参加する上で必要となるものの一つに「思考や認知的活動」をあげている。これを重要視するのであれば、日本語のみに頼らず、母語の積極的な活用が「思考や認知的活動」を支えることが可能となり、子どもの言語生態の保全につながるのではないだろうか。そのためにも、この「思考や認知的活動」を支えることができる支援の方法や人材の確保が必要となってくるだろう。

2.3.2 「教科・母語・日本語相互育成学習」

　以上のことから、言語少数派の子どもの言語生態を豊かなものしていくためにも、言語生態環境の保全が必要であることがわかる。

　第1章でも述べたが、言語少数派の子どもは、初期指導を受けても、次に続く教科学習になかなかついていけないという状況に置かれやすい。これは、二段化された学習によって、学年相応の認知発達が継続されていないという問題をはらんでいる。さらに、日本語のみの環境にいることで、家庭内の母語によるコミュニケーションにも支障をきたす場合も生じてくる。このように、教科学習、日本語、母語のつながりが弱くなっていることがわかる。岡崎眸（2005）は日本語、母語、教科学習を独立したものではなく、相互に育成し合える関係として捉えることの重要性を述べている。

　岡崎敏雄（1997、2006）は、教科学習をブリッジとして、日本語と母語を相互に育成していこうとする「教科・母語・日本語相互育成学習[33]（以下、「相互育成学習」とする）」を提唱している。

　図2-2は相互育成学習のイメージ（岡崎敏雄 2006：2）で、次の3点をねらいとしている。

　（A）母語の助けを借りて、教科の内容理解を深め母語によるスキーマを

33）　詳細は3.6.1で述べる。

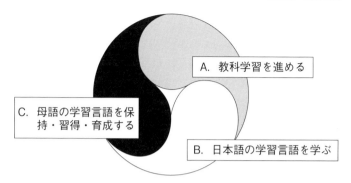

図2-2　日本語・母語・日本語相互育成学習のためのデザイン（岡崎敏雄 2006：2）図2より作成

　形成する。
（B）母語で得たスキーマを梃子に日本語で理解可能なインプットを増やし、教科学習に必要な学習言語を学ぶ。
（C）母語を使うことを通して、母語の学習言語を保持・習得・育成する。
　このように、相互育成学習では、教科学習をブリッジに、母語学習、日本語学習を相互に関連させることによって、子どもの言語生態の保全を図ることが目的とされている。
　「相互育成学習」も「二言語相互依存の原則」に依拠している。その点では、先述のJSLカリキュラムや、リライト教材と同様であるが、子どもの母語を積極的に活用していく点で、大きな違いがある。
　相互育成学習は、子どもの母語力および日本語力、これまでの学習経験、また、子どもの周囲にいる子どもの母語ができる支援者および日本語支援者などの人的資源を勘案しながらその実態に合わせて学習するものである（岡崎眸 2005）。子どもの課題解決には、子どもの周辺にいる人々の参画が必要となっている。つまり、子どもの言語生態のみならず、支援に携わる大人の言語生態環境の構築も必要となるのである。
　そこで、本研究では、相互育成学習を母語支援者や日本語支援者が教科学

習支援に参画する手立ての一つと捉える。この参画によって、支援者が支援に対してどのような課題を持つのか、そして、子どもと支援者、支援者間でどのような関係性を持って課題の解決に寄与するのか、すなわち当事者性をどのように獲得していくのか、その様相を明らかにしていく。

次節では、「相互育成学習」を基にした実践研究の知見を整理していく。

2.3.3 「教科・母語・日本語相互育成学習」を基にした実践研究

生態学的支援システムの構築は、子どもの言語環境に関わる地域、学校、行政、家庭など全ての人の参画が必要だとされている。そこで、これらの人々の参画を促す枠組みとして、「相互育成学習」をシステム構築の手立ての一つと捉え、「相互育成学習」による実践に関する研究を提示する。

まず、「相互育成学習」を基に行われた支援実践におけるやりとりデータを基に支援の様相を分析した研究（清田 2007、朱 2007、滑川 2015a、2015b、穆 2010、2015）を取り上げる。次に、「相互育成学習」を基に行われた支援実践を行った支援者の意識を探った研究（佐藤 2010、小田 2010）を取り上げる。

清田（2007）は、母語を活用した内容重視のアプローチによる「国語」の学習支援を行っている。母語の読み書き能力のレベルに差がある中国語を母語とする子どもを対象にし、日本語支援場面における国語の「書くこと（日本語）」の変化に焦点を当て、分析を行った。その結果、創出型解答[34]における文の長さ、文構造の複雑さ、語彙の広がりのいずれの観点においても変化の速度に差がみられたものの、一定の変化の方向性は一致したと述べている。

朱（2007）は、母語による国語の学習支援のやりとりを通して、①子ども

---

34) 子ども自身が教材文の事柄を解釈したり、状況を説明したり、自分の感想や意見を表すこと（清田 2007）

の継続的な教科学習の参加の保障、②母語・母文化を活かすことで子どもの意欲が向上、③日本語による先行学習への参加の促進、④日本語による学習の意欲の向上の四つの点で母語活用の意義が認められたとしている。

　滑川（2015a）は、中国語を母語とする子ども（小学生）を対象に、子どもの生活体験が抽象概念にどのように結びつくのかを、親が担当する母語と滑川が担当する日本語による支援におけるやり取りから分析した。具体的には、国語の教材文にある抽象的概念である「意地」の概念形成をめぐり、子どもの母親が母語で子どもに父親の調理師としての生活体験をもとに働きかけた。続いて、子どもの生活体験をもとに、子どもにとっての「意地」の概念形成の過程を母親が母語で行った。滑川（2015a）は、このように子どもも家族も母語使用によってことばの力を十分に発揮できる言語生態環境が必要だとしている。

　続いて、滑川（2015b）は、親子と支援者による国語の教材文のやりとりを通して「親の愛情」に関わる文脈がどのように創られ、成り立ち、共有されていくのかを明らかにした。対象は、中国語を母語とする2組の子どもとそれぞれの母親である。支援は、母親が母語支援者、滑川が日本語支援者となり、国語の支援を行った。その結果、親は子どもの反応と出会うことによって母親として豊かなことばの力が湧き上がっており、親子の言語生態は相互作用の関係にあることが明らかになったという。母語使用が保障され親がことばの力を存分に発揮して教育参加できる環境と、子どもが親とつながることば（母語あるいは継承語）を学び続けられる環境が整備されることの重要性が再確認されている。

　穆（2010、2015）は、中国語を母語とする中学3年の子どもを対象に、子どもの言語が母語から日本語へと移行する中で、子どもの認知発達を分断させることなく、母語と日本語の二言語能力をどのように育成するかを探った。その結果、来日直後から子どもの言語環境に3段階のステップがあることが明らかになった。第1段階の来日直後は、家族や同じ母語の友人との母語使

用、学校や地域での日本語使用および日本の学習を行っていた。第2段階の来日直後からの半年間は、同じ母語の友人との間で母語による読み書きの言語活動、母語通訳を介した教科学習を行った。第3段階の来日半年後から「相互育成学習」を基にした母語・日本語による国語の教科学習を開始した。この間、二言語の認知面の発達を促す可能性がある母語による読み書きのさまざまな活動が展開されたという。このような言語活動の広がりは、家庭環境、学校の姿勢と自治体の制度、友人との関係性の構築が寄与していることが明らかになった。

以上、「相互育成学習」を基にした支援実態の様相を概観してきた。母語による教科学習支援が子どもの言語生態環境の保全につながっていることが明らかになった。

最後に、「相互育成学習」を基にした教科学習支援に対する支援者の意識に着目した二つの実践研究を提示していく。

学校教員が関わった実践研究に、佐藤（2010）がある。佐藤（2010）は、学校環境に「相互育成学習」を導入し、学校と地域が連携して学習支援を行い、この学習支援に関わった学校教員の意識をインタビュー調査によって明らかにした。その結果、学校教員は、以前は日本語習得に一面化されていた指導観であったが、「相互育成学習」による支援後は、母語は既有能力を引き出すことが可能であるという指導観に変容した。この学校教員は、実践を通して、批判的視点を獲得したことにより、指導観が大きく変容し、また、母語使用を取り入れたことで、子どもの言語観も変容を遂げている。

小田（2010）は、ブラジル人親子を対象に、「相互育成学習」を基にした国語の支援を行った。インタビュー調査の結果、母親の意識は母語使用により子どもの学習の状況を知ることができたため、支援を自らの教育参加の実現がなされた場と位置付けるようになった。

一方で、課題もあったという。対象となった母親は日本語力の問題から、実質的な母語使用は、小田が提示したキーワードの翻訳をするにとどまって

いたという。よって、子どもの学習状況を知り得ても、学習そのものへのアクセスする環境には制限があったという。

以上、「相互育成学習」に基づいた支援への意識に着目した。このうち、母語支援者の意識に着目したものは、小田（2010）の母親を対象とした例のみである。先にも述べたように、母語支援者は補助的な役割を果たすことが多く、研究の蓄積も少ない。母語支援者が学習支援の中核を担い、主体的に参画した場合、どのような意識を持つのだろうか。

本研究では、「相互育成学習」に基づいた教科学習支援に参加し、主体的に支援を行った支援者の意識変容のプロセスを探り、その検討を試みる。

第3章　本研究の研究課題と方法論

3.1　研究課題

　本研究では、公立中学校で行われた子どもの母語を活用した教科学習支援に携わった支援者を対象に、支援実践を通して支援者がどのように当事者性を獲得したのかを明らかにしていく。
　この目的を達成するために、以下の四つの研究課題をたてた。
　　研究課題1：母語を活用した教科学習支援を行った留学生支援者は教科学習支援を通してどのように当事者性を獲得したか。
　　研究課題2：母語を活用した教科学習支援を行った留学生支援者の当事者性獲得を支えた支援はどのようなものであったか。
　　研究課題3：子どもの母語ができる日本人支援者は教科学習支援においてどのように当事者性を獲得したか。
　　研究課題4：日系南米人支援者は教材翻訳支援においてどのように当事者性を獲得したか。

3.2　研究方法

　本研究は、以下のような理由から質的研究法を採る。質的研究の定義だが、フリック（2002）は以下のように述べている。

　　質的研究とは具体的な事例を重視して、それを時間的、地域的な特殊性のなかでとらえようとし、また人々自身の表現や行為を立脚点として、それを人々が生

きている地域的な文脈と結びつけて理解しようとする分野である。(中略) 人間の心と社会にかかわるさまざまな学問分野において質的研究方法を用いることで、変動する社会に対応する上で必要な柔軟性を保ちながら、その中で起こる現象を研究することができるのである (フリック2002：19)

秋田 (2007) は量的研究が一般化できる概念や理論構成を目指すのに対して、質的研究はその場に生きる人にとっての事象や行為の意味およびその場その時のローカルな状況の意味を具体的に解釈し、構成していくこと (meaning-making) を目的としているとしている。さらに、当事者の視点が重視され、場の自然な理解と一人ひとりの声の差異と類似性を記述することが重視されていると説明している。

大野 (2002) は、質的研究のサンプリングにおいて、ある小集団の置かれた歴史的・社会状況を把握した上で、その集団の構成員たちが同じような行動、意識、生き方を取るとするならば、そうした心理や行動の基盤として共通したものが見出されるはずだと主張する。

第1章でも述べたように、グローバル化にともない社会状況が急速に変化を遂げている。言語少数派の人々が抱えるさまざまな問題も、このような社会状況の変化を要因とするものが多い。子どもの教科学習における母語を活用した支援は、実践者がまだまだ少ない。加えて、母語活用に対しては否定的な見解もみられ、そこには複雑な要因が影響しあっていると考えられる。先にも述べたように、「相互育成学習」に基づいた実践研究の報告がなされているが、その中心は、教科学習支援における支援者と子どものやりとりの分析である。これらの報告からは、子どもたちの母語の伸長、日本語ということば自体の理解、教科内容の理解など、母語を活用した支援の有効性が明らかになってきている。しかし、支援に参加している母語支援者に着目した実践研究はまだまだ少ない。これらの支援者の意識や行動を探り、支援者独自の視点やその多様性を明らかにし、そこで得た示唆を子どもの母語を活用

した教科学習支援の現場に還元することができると考える。

以上のことから、本研究は、新規性のある実践における事例を基に、その実践を行った支援者の当事者性の獲得を支援者の意識を通して明らかにすることから、質的研究法を選択する。

3.3 分析方法

研究1、3、4は「相互育成学習」を基にした支援を行った母語支援者の意識に着目し、母語支援者が当事者性をどのように獲得したのかを明らかにするものである。

「相互育成学習」を基にした支援者の意識を探ったものに、佐藤（2010）と小田（2010）がある。佐藤は「相互育成学習」を基にした学習支援に参加した学校教員を対象に、インタビュー調査を行い、言語少数派の子どもに対する学習に対してどのような指導観をもっているかを明らかにした。分析方法は、インタビューデータから教育実践に関連する語りを抜き出し、コード化を図る手法である。このコード化には「グラウンデッド・セオリー」（Grounded Theory, Glaser & Strauss 1967）と「KJ法」（川喜田 1967、1970）の二つの手法が援用されている。佐藤（2010）は、グラウンデッド・セオリーは、データを細かく切片化する特徴、また、KJ法はグループ化の際、内容よりもラベルのみに注目する特徴をあげ、両方を援用し、データを切片化し、そのデータにラベルをつけていった。その際、佐藤（2010）は、学校教員と同じプロジェクトでの経験を共有していることから、文脈を重視しながら解釈したという。一方、小田（2010）は、「相互育成学習」に参加したポルトガル語が母語の親を対象にPAC分析[35]を用いて、同学習に対してどのよう

---

[35] 内藤（1997）によると、PAC分析は、当該テーマに関する自由連想、連想項目間の類似度評定、類似度距離行列によるクラスターの分析、被験者によるクラスター構造のイメージや解釈の報告、実験者による総合的解釈を通じて、個人の態度やイメージの構造を明らかにすることができるとされる分析方法である。

なイメージを持っているかを明らかにした。PAC分析の利点は、調査者の興味関心による枠組みではなく、被験者の枠組みを用いて体験を理解しようとする点である。

　研究1、3、4は母語支援者の意識に着目し、当事者性をどのように獲得したのかを明らかにするものであるが、本研究では、分析方法に修正版グラウンデッド・セオリー・アプローチ[36]（Modified Grounded Theory Approach 木下 2003、以下 M-GTA とする）を用いる。佐藤（2010）は教員の指導観、小田は学習に対する親のイメージを明らかにしているのに対して、本研究では、長期に渡り教科学習支援を行った支援者の意識変容をみるもので、プロセス性を重視している。また、本研究は母語支援が教科学習支援の中核を担うという支援で、これまでに報告があまりされていないこともあり、この研究の結果から得られる示唆は、今後、子どもの学習支援という同じような現場に還元し、検証あるいは修正が可能になると考える。M-GTA はプロセス性を持ち、さらには、現場還元型の研究に適している（木下 2003）ことから、本研究では、M-GTA を用いることとした。

　次に M-GTA の特徴について述べる。

　M-GTA は、木下（2003）によって考案されたもので、グラウンデッド・セオリー・アプローチ（以下 GTA とする）に修正を加えたものである。GTA はデータに密着した（grounded on data）継続的比較分析から独自の理論を生成する質的研究法として、1960年代にアメリカの社会学者のグレイザーとストラウス（Glaser & Strauss 1967）によって提唱されたアプローチであるが、近年、日本においても、看護、保健、医療、リハビリテーション、ソーシャルワーク、介護、教育、臨床心理などの領域と、質的研究法の観点から社会学で注目されている（木下 2003）。その理論的特性として、研究テーマによって限定された範囲内における説明力にすぐれ、データが収集された現場

36）　詳細は後述する。

と同じような場に戻されて、そこで、実践的な活用を促すことがあげられる。内容的には、その領域における日常的な生活に適合し、多様性に対応できる一般性を持ち、利用者がコントロール可能で、なおかつ理解しやすい理論であることが求められるとされている（木下 2003）。このようなGTAの特性を踏まえた上で、分析方法をより、理解しやすく、かつ活用しやすいように考案されたのがM-GTAであり、木下（2003）は、その技法における主要特性として以下の7項目を挙げている。

　①グラウンデッド・セオリーの理論特性を満たすこと。
　②データの切片化をしない。データの中に表現されているコンテキストを破壊するのではなく、むしろコンテキストの理解を重視する。
　③データの範囲、分析テーマの設定、理論的飽和化の判断において方法論的限定を　行うことで、分析過程を制御する。
　④データに密着（grounded on data）するためのコーディング法で、概念を分析の最小単位とし、分析ワークシートを作成して分析を進める。
　⑤「研究する人間」の視点を重視する。
　⑥面接型調査において有効に活用できる。
　⑦解釈の多量的同時平行を特徴とし、データの解釈から概念を生成する際に、類似例や対極例を検討するだけでなく、同時に、その概念と関係すると思われる未生成のほかの概念も検討する。

木下（2003）は、このような技法的主要特性を踏まえた上で、M-GTAを実際に調査で使ったり、または、使用するかどうかを判断したりするためには、どのような研究に適しているのかを理解することが必要だとし、以下の三つのポイントをあげている。

　①人間と人間がやり取りをする社会的相互作用に関わる。
　②特定の限定された具体的領域において、研究結果であるグラウンデッド・セオリーが実践現場に戻し、応用され、検証できる。
　③研究対象とする現象がプロセス的性格を持っている。

これらを踏まえて、本研究に照らし合わせると以下のようになる。
　本研究は「子ども」と「子どもの母語支援者」、および「母語支援者と日本語支援者」、「翻訳支援者」と「コーディネーター」がやり取りをする社会的相互作用に関わる研究である。
　さらに、子どもを対象とした学習支援は日本語支援者が日本語で支援するケースが多い中、本研究は母語を活用した支援を積極的に行っていこうとする事例である。
　このような限定された領域において、限定された人数のデータを用い、その結果「子ども」の支援方法に対して示唆を与えるようなグラウンデッド・セオリーが構築されると考えられる。さらに、その理論を、今後も継続される実践現場に戻し、そこで検証が可能になっていくと推測される。対象者が限定的であることについては、M-GTAは度数による分析ではないことから、対象者が少ないということはあり得、また、対象者の人数自体ではなく、データの範囲の限定理由の方が重要とされている（木下 2003）。
　また、本研究は対象者である母語支援者の長期にわたる学習支援に対しての意識の変容から、支援者としての当事者性獲得のプロセスを明らかにしていこうとするもので、プロセス性がある。
　以上の観点から、①〜③に合致しており、本研究の分析方法としてM-GTAが適切であると考えた。
　具体的な分析の手順は木下（2003）に従った。以下に本研究でとった手順を表3-1の分析シートを例に述べる。
　①分析テーマは、「相互育成学習」を基にした支援を行った母語支援者の意識に着目し、母語支援者が当事者性をどのように獲得したのかを明らかにすることである。データの関連箇所に着目し、それを一つの具体例（ヴァリエーション）とした。
　②概念を作る際に、分析ワークシートを作成し、概念名、定義、最初の具体例などを記入した。

③データ分析を進める中で、新たな概念を生成し、分析ワークシートは個々の概念ごとに作成した。表3-1の分析シートは、その一つで、概念名は「子どもの母語力を探る」である。

④同時並行で、他の具体例をデータから探し、ワークシートのヴァリエーション欄に追加記入していった。

⑤生成した概念の完成度は類似例の確認だけではなく、対極例についての比較の観点からデータを見ていくことにより、解釈が恣意的に偏る危険を防ぎ、その結果をワークシートの理論的メモ欄に記入していった。表3-1の分析シートの理論的メモには、概念名「子どもの母語力を探る」対極例として、「(略)その5か月くらいの中であまり明らかな表出面があまりみられてない」とあり、子どもの母語力の伸長があまりみられなかったという語りがある。このような対極例が増えていった場合は、それが新たな概念となった。

⑥複数の概念の関係からなるカテゴリーを生成し、カテゴリー相互の関係から分析結果をまとめ、その概要を簡潔に文章化し（ストーリーライン）、結果図（図4-1、図6-1、図7-1を参照）を作成した。

概念生成、概念と概念の関係、カテゴリー生成、及び結果図の作成においては、指導教官や研究のメンバーからのスーパービジョンを継続して受けた。その都度、概念が統合されたり、あるいは、概念が独立したり、概念やカテゴリー間の関係性が変化し抽象度があがっていった。

以上の手続きで、研究1、3、4を分析した。

なお、研究2は、研究1の結果から新たに立ち上がった研究課題である。分析の対象は、意識を探るためのインタビューデータではなく、教科学習支援における母語支援者と子どものやりとりを録音した音声データである。これを基に、母語支援者の支援実態を明らかにすることから、分析手法にはM-GTAを用いていない。

表3-1　分析ワークシートの例

概念名	子どもの母語力を探る
定義	いろいろな方法を用いて子どもの個々の母語力を把握すること。
具体例 (ヴァリエーション)	・実際に会う前に、徐さん[37]が二人に感想文を書いてもらって、それの中国語を見たことがあります。けっこういい文章書いてるなと思って。で、実際に接してみたら、ああ、やっぱり子どもみたいなかんじですけども@、なんか書いたものはけっこういいなみたいな@。話すときもそんなにかわらない、普通の子どもと。 ・支援の過程全部中国語でやりとりしているんですけど、それ以外に、もうちょっと何か考えて、まとめてもらうみたいなかんじの、もうちょっと考えてもらうような質問与えたり、あと、実際に感想文とか作文とか書いてもらったりして。 ・二人は普通の子どもより勉強しているほう、小さい時から勉強の環境にいたかもしれない。 ・普通の人も知ってるんですけど、あの、学校で勉強したりして、学校でいろいろ勉強するんですけど、二人はそういう学校で勉強よりちょっと超えているようなかんじ。そういう、なんというの教育熱心な親って子ども三歳からもう、漢詩とか教えたり、読んでもらったりすることが多い。中学校に入る前にけっこう知っている。 ・二人は勉強熱心みたいなかんじ。普通の子どもよりもちょっとできるような。 ・他の子どもたぶん、やっぱり、できたんですけど、 ・B子さんて、中国にいたときに、四川の何々外国語大学の付属の中学校で勉強してたって話聞いて、徐さんも同じく天津何々外国語大学の中学校で勉強したことがあって、そういう付属中学校ってすごく入りにくい ・子どもの母語力ですか。けっこう高いレベルにあると思いました。 ・書いているもの、そのブログを見てて、本当に上手に書いたなと思うんですけども。書く力をすごくもっている。 ・話す能力、B子さんはもともと国語がすごく上手なの、あの、中国でも。けっこう、国語が得意らしいんです。 ・本当にR君のとき一番最初ですので、子どもの母語力また落ちているので、どれぐらい落ちているのかわからなくて、文章の難しさと子どもの実際のレベル中国語のレベルに合うような訳文を作ることがとても難しかったです。それで、当初いろいろことなる学年の文章を持ってきて、最後、ああ、小学校3年生の文章なら少し読める、あるいはこのような、このレベルの漢字を使ったら読めると、ちょっとはじめて感覚をつかめたようです。 ・R君の場合は一番どれくらいの難しさに訳したらいいかわからなくて、一番戸惑いましたね。それが一番困ること。その子ども母語力と実際の学年が合わないときには、それが一番大変でした。それで、中国の教科書を持っ

---

37) 母語支援者名(仮名)。

	てきて読ませたりして、その合致するレベルを把握したりして、うーん、そうですね。いろんな教科書を探しましたね。 ・最初に会ったので、実際の母語力がどのぐらいあるかを確かめたかったので、そういうようなものを作っているんですけども。 ・その意味がわかるんですけれども、その難しい読み方があるかもしれないけど、でも一応意味としては大丈夫、でも、その私は国語を教えたことがないから、もう、中3の段階でどこまでできるのかわからなくて、一応作ってみた。
理論的メモ	〈対極例〉 ・普通の子どもは例えば入学した時点でこのくらいの母語力があって、半年間とかたったらこのくらいになるとか、あの伸びることなくて、ちょっと低くなる。別に子どもだけでなく、大人でも＠＃＃[38)]することあるので、間違えたりして。で、二人の半年ぐらいかな……半年間じゃないです、4か月、5か月ぐらい接したことがあって、その5か月くらいの中であまり明らかな表出面があまりみられていない。 〈メモ〉 来日間もない子どもは、高い母語力は持っていた。また、子どもころから教育的環境にあったようだ。書くものをみてもレベルが高いと思った。そこで、何か考えさせたり、まとめさせたりした。母語力を活かしていきたいと思った。母語を使う場を提供していきたいと思った。逆に母語力が落ちている子どもに関しては、その子どもの学年相応の教材を考えた。個々のレベルを認知。 11月6日具体例を追加。11月10日検討会。「高い母語力を活かす環境作り」を変更。

---

38)「＠」は笑い、「＃」は、よく聞き取れなかったところを表す。

3.4 研究対象者とデータについて

　本研究における対象者を表3-2にまとめた。対象者は、子どもの母語を活用した教科学習支援を行った支援者である。研究1、2と研究3の対象者は、中学校で対面で子どもに直接支援を行っている支援者である。研究4の対象者は、国語の学習支援で使用するテキストの翻訳を行い、間接的に教科学習支援に参加した支援者である。

　分析対象となるデータについては、表3-2に、対象者のプロフィールについては表3-3にまとめた。なお、各対象者と分析対象となるデータの詳細は各章において述べる。

表3-2　分析データについて

		対象	分析データ
第5章	研究1	中国語が母語の留学生支援者3名 （徐、馬、袁）	・インタビュー
第6章	研究2	中国語が母語の留学生支援者3名 （徐、馬、袁）	・直接支援におけるやりとりデータ
第7章	研究3	子どもの母語（スペイン語）ができる日本人支援者1名（渡辺）	・インタビュー ・支援記録（補助データ）
第8章	研究4	地域在住の翻訳支援者2名 （アナ：スペイン語が母語） （ガブリエラ：ポルトガル語が母語）	・インタビュー

※名前はいずれも仮名

表3-3 対象者プロフィール

章	研究	名前	性別	年代	国	来日歴	日本語力[39]	職業	使用言語
5、6	1、2	徐	女	30	中国	6年	1級	大学院生	中国語・日本語
		馬	女	30	中国	9年	1級	大学院生	中国語・日本語
		袁	女	30	中国	7年	1級	大学院生	中国語・日本語
7	3	渡辺	女	60	日本	—		日本語指導員(行政)	日本語・スペイン語
8	4	アナ	女	30	ペルー	7年	2級	製造業	スペイン語・ポルトガル語・英語・日本語
		ガブリエラ	女	20	ブラジル	12年	未受験3級レベル	教会事務	ポルトガル語・スペイン語・日本語

3.5 本研究とプロジェクトとNPOの関係について

　本研究の目的は、公立中学校で行われた子どもの母語を活用した教科学習支援に携わった支援者を対象に、支援実践を通して支援者がどのようなプロセスをたどって当事者性を獲得したのかを明らかにしていくことである。この目的達成のために対象となったプロジェクトについて述べる。
　このプロジェクト[40]は、東京都内のある大学と神奈川県横浜市のある中学校（以下、中学校とする）との協働実践として立ち上がったもので、2005年9月から2007年3月まで約2年半にわたって中学校の国際教室で行われた。

---

39) 日本語能力試験 (Japanese-Language Proficiency Test)
40) この支援は、平成17年度科学研究費補助金（萌芽科研、課題番号17652049「母語を活用した教科学習支援の過程と結果の分析―日本語を母語としない児童子どもの場合―研究代表者岡崎眸」）研究に基づき行われたプロジェクトである。

プロジェクトの目的は、言語少数派の子どもを対象とした学習支援において、「相互育成学習」に基づき、子どもの母語を活用した国語の学習支援を中学校内（国際教室）で実施することの可能性と課題を探り、母語活用が教科学習の過程と結果に及ぼす影響を検討することである（清田 2008）。

第1章でも述べたように、教科学習支援は日本人が日本語で行うことが多く、母語を活用した支援はまだまだ例が少ない。そこで、プロジェクトの支援実践を通して、母語支援者の意識を明らかにすることは、教科学習支援の現場の一助になると考えられる。本研究の目的とプロジェクトにおける支援実践の目的が合致したことにより、プロジェクトの現場を研究フィールドとした。

3.5.1 プロジェクトの内容について

プロジェクトの対象となった中学校について述べる。文部科学省（2004）によると、この中学校がある地区は神奈川県でも工場が多く、戦後、沖縄からブラジルに移民した日本人の2世や3世である日系人をはじめ、中南米出身の子どもの多くが同地区に集中しているという。中国語を母語とする子どもは、帰国者とその家族や親族、出稼ぎ者の子どもであるケースが多い（文部科学省 2004）。これらの人々の子どもが多く通っていることから、同校に国際教室が設置[41]されている。国際教室では取り出し授業が行われ、国際教室担当教員が適応指導や日本語初期指導、教科の授業を進めている。加えて、行政から派遣された日本語指導員による日本語指導や、近隣大学の日本人学生によるサポートもあり、さまざまなグループが支援を行っていたことから、言語少数派の子どもたちへの教育や支援を重視している学習環境であると言

---

[41] 海外から日本に編入した外国人児童の学校教育への適応の促進と、外国人児童個々の個性の維持伸長を図るために、日本語指導の必要な外国人児童が一校に5名以上在籍すると1名、20名以上在籍すると2名の専任教員が加配される（文部科学省2004）。ただし、日本語指導が必要であっても日本国籍を有する児童は在籍人数に含まれていない（土屋2012）。

表3-4 プロジェクトにおける大学・中学校・行政・地域の役割

	2005年度	2006、2007年度
大学 ・母語支援者 ・日本語支援者	・放課後(教科課程外)支援の実施 ・留学生による入り込み指導 ・翻訳教材文（中国語版）の作成 ・ワークシート・リソース（中国語・日本語版）の作成	
	・メーリングリストの立ち上げ	・教科課程内支援（中国語・日本語）の実施 ・地域の母語翻訳者へのサポート
中学校 ・国際教室担当者	・国際教室における支援のコーディネート ・教職員及び教科担当者との連携	
		・教科課程内支援（日本語）の実施
・在籍級の教科担当者	・入り込み指導の受け入れ ・在籍級の授業進度の情報提供	
行政からの派遣 ・子どもの母語ができる支援者		・教科課程内支援の実施 ・入り込み指導 ・翻訳教材文の作成（スペイン語・ポルトガル語）
地域の母語翻訳者		・翻訳教材文の作成（スペイン語版・ポルトガル語版） ・ワークシートの翻訳（スペイン語・ポルトガル語版）

（清田 2008：2を基に筆者が加筆修正）

える。

　プロジェクトは、大学、中学校のみならず、行政、地域の協力を得ている。それぞれの役割について表3-4に基づいて述べる。

　2005年は中国語が母語の子どもを対象に、放課後を利用して国語の教科学習支援を行った。大学の支援者は、学習支援で用いる教材の翻訳文やワークシート（中国語版・日本語版）および、学習内容や子どもの反応、支援に対しての気づきやふり返りを書いた「支援記録」を作成した。なお、2005年はメーリングリストを立ち上げて、これを媒介として支援記録を支援者間で共

有した。

　中学校の国際教室担当教員は、コーディネーターとして参加した。国際教室における子どもの様子や、在籍級の教科担当教員と連携し、情報公開や調整を行った。在籍級の教科担当教員は、入り込み指導の受け入れおよび、授業進度の情報を提供した。

　2006年度、2007年度は、放課後の支援に加えて、教科課程内でも支援が行われた。また、この支援には、中国語が母語の子どもに加えスペイン語が母語の子どもとポルトガル語が母語の子どもも加わった。これにともない、行政から派遣されたスペイン語ができる日本語支援者と、ポルトガル語ができる日本語支援者および、地域に住むスペイン語が母語で翻訳を担当した支援者（ペルー出身）とポルトガル語が母語で翻訳を担当した支援者（ブラジル出身）が加わった。

　教材の翻訳文については、中国語への翻訳は引き続き大学の留学生が行い、ポルトガル語やスペイン語への翻訳は、地域に住むポルトガル語母語話者とスペイン語母語話者に大学が依頼し、日本語や背景知識に関するサポートをしながら翻訳作業を進めた。中国語版ワークシートは大学の中国語を母語とする留学生が引き続き作成した。ポルトガル語版のワークシートは、中国語版ワークシートを参考にしながら、地域に住むポルトガル母語話者が大学の助けを得ながら作成した。また、スペイン語版ワークシートは、スペイン語ができる日本語支援者が作成した。

　国際教室担当教員はコーディネーター業務に加え、直接の授業者となり、教科課程内で行う支援で日本語を担当した。この支援で用いる日本語版ワークシートは大学が「課題のリソース」として作成したものを候補として提示し、国際教室担当教員がその課題から選択して使用した。

　以上、プロジェクトにおける支援者の役割について述べた。2005年度は大学が中心に支援を行ってきたが、2006年、2007年度以降は子どもの母語の多様化に伴い、行政や地域からの支援者が増えた。また、2005年は放課後を利

用して支援を行っていたが、2006年、2007年度は、教科課程内でも支援を行った。2005年にはコーディネーターとして参加していた国際教室担当教員が、2006年、2007年度は、授業者として日本語支援を行うなど、役割が大きく転換していった。

　筆者はこの3年間のプロジェクトを通して、日本語支援、日本語ワークシートの作成をした。この他に、母語翻訳者へのサポートを中心的に行った。先にも述べたように、本研究は、母語を活用した支援を行った支援者の支援に対する意識に着目するものである。中学校の国語の教材の内容は、日本の歴史や文化、社会、科学など多岐にわたっている（宇津木 2008）。その教材内容に対する理解を深めるためにも、サポートが必要となってくる。特に、地域の母語翻訳者は、子どもと対面の支援ではなく、間接的な支援となり、現場の様子がわからないことから、サポートの必要性があった。

3.5.2　プロジェクトと「NPO 法人子ども LAMP」の関係について

　「NPO 法人子ども LAMP（以下、NPO とする）」は1998年に発足された。言語少数派の子どもを対象に、岡崎敏雄（1997）の提唱する「相互育成学習」に基づいた教科学習支援を行っている。現在は、公立中学の国際教室やセンター校での支援を中心に活動している。発足当初は日本語教育を専攻する日本人大学院生、中国や韓国からの留学生が中心となって支援活動を行っていたが、近年は学外から多様な背景を持つ人々が支援を行っている。支援は活動拠点であった大学の近隣にある小・中学校に在籍する子どもや帰国生を対象として行われた。子どもは在籍する学校で支援を受けられる場と機会がなかなか持てず、NPO で支援を受けていた。NPO としては、支援を受けた子どもが学校環境で日本人の子どもや教師とどのような関わりを持っていくのか、また、そこで、どのような学びを得ていくのかを伺い知ることは難しく、学校との協働的な支援実践を望んでいた。

　協働支援を行うことになった当時（2003年）の中学校は、2003年に横浜市

国際交流協会が中心となって行った「母語を活かした学習支援モデル事業」の実践校となり、その後、2004年、2005年度に文部科学省の「母語を用いた帰国・外国人児童生徒支援に関する調査研究」の委託を受け、加えて、横浜市鶴見区の「日本語を母語としない子どもたちへの学習支援事業」の対象校となって2年目という環境にあった（宮澤 2008）。つまり、国や自治体が同中学校における言語少数派の子どもの支援を公的に後押しする状況であった。

国際教室の担当教員は、プロジェクト発足について以下のように述べている。

> 国際教室の役割が、早く教室で授業を受けられるようになるための橋渡し・準備の場所であると考えていた私にとっては、先行学習によって教室で授業を受けることがより早く可能になり、子どもたちにとってよいことであろうと考えこのお話をお引き受けしたのでした（宮澤 2008：181）。

「（母語を活用した教科学習支援は）子どもたちにとってよいことであろう」と考える国際教室担当教員と、大学の学校との協働的な支援実践を望む声が合致し、大学と中学校の協働実践プロジェクトが発足した。

ここで、実践研究における大学側のスタンスについて述べる。

研究と現場の関係とその実態について、高橋（2008：3-4）は以下のように述べている。

> 研究者が『現場』へ出かけ、実践者へのインタビューや資料収集を通じてデータを集積し、その研究成果を『研究業績』として発表する。しかし、その成果が現場に還元されることはほとんどないし、研究成果の有効性が現場で検証されることもほとんどない。本来ならば『現場』に生起している諸問題の解決に資する研究が、結局のところ研究者個人のステイタス上昇のための手段に堕してしまっている。このような状況を克服するために私たちが掲げたことは『協働実践研究』の旗でした。研究者と実践者が同じ地平に立ち、それぞれの専門性と知識を最大限に活かしながら協働して問題の分析とその解決の道を探っていこうとした

のです。

　プロジェクトにおける協働実践研究もまた、大学側は研究もしくはアドバイザーで、他方、中学校側は実践という役割分担を持つものではない。大学側は、教材を作成し、毎回、実際に支援を実践した。筆者もそのうちの一人である。支援を通して見えてくる課題を設定し、その解決に取り組んだ。さらに、これらの課題設定や課題解決の経過については、支援記録に記録し、中学校の教師や、大学側以外の支援者に公開した。このように、支援の状況および情報の公開を行い、支援に関わる全員にフィードバックを行った。他方、学校側からも学習支援以外での子どもの情報や助言なども得、これを、支援に活かしてきた。このように学校と大学が補完的な関係を築き、子どもの支援を行ってきた。換言すると、大学は研究、中学校は現場という二分法的な捉え方ではなく、相互補完的な関係を築き「非収奪型の研究」（高橋：2008）と実践を行うスタンスで臨んだ。

3.6　教科学習支援について

3.6.1　授業の流れ

　支援は、在籍級で行われる「国語」の授業の予習という位置付けで行われた。「国語」が選択された理由についてだが、「国語」は、文脈への依存度も高いこともあり、支援現場では一般的に敬遠されがちであった。また、「国語」の支援そのものが、日本語学習や漢字の書き取り等に充てられる場合が多く、子どもたちは教材における主題の把握、状況の把握、心情の把握等を中心とした内容理解にまでアクセスする機会を持てずにいる状況が多くみられる。このような状況の中で、プロジェクトでは、国際教室担当者の意向もあり、国語を支援の対象教科とし、教材の内容理解を図ることを目的とした。

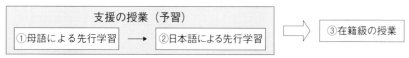

図3-1 支援の流れ

　図3-1は「支援の流れ」を表したものである。支援は③「在籍級の授業」に先行して、つまり予習の位置付けとして行われた。支援の授業（予習）では、①「母語による先行学習」が行われる。ここでは、母語による支援が行われ、教材文の主題を掴んだり、自分の意見を述べたりなどの深い内容理解を図ることが目指されている。それから、②「日本語による先行学習」が行われた。ここでは、母語で学んだことを活かして教材文の概要を日本語で理解することが目指された。このような予習のプロセスを経て、子どもたちは在籍級の授業に参加した。

　支援者が実際にどのように支援を行ったのか、全体の関係図を表したのが図3-2である。この関係図は、2006年に行われた支援の一例を表している。

① 「母語による先行学習」では、母語支援者が翻訳文や母語で書いたワークシートを使って30～40分支援を行った。使用言語はすべて子どもの母語である。教材文の内容は、日本の社会、文化、歴史、科学と多岐にわたる。また、教科支援を初めて行う支援者もいることから、支援経験のある日本語支援者が支援についてのサポートを行った。スペイン語が母語の翻訳支援者とポルトガル語が母語の翻訳支援者は中国語が母語の留学生ほど日本語力が高くなかったため、サポートを行った。

② 「日本語による先行学習」では、①で母語別に分かれていたグループが一つになって、日本語が母語の支援者が日本語のワークシートを使って30～40分支援を行った。ここで、子どもは「母語による先行学習」で得た理解を基に、日本語の教材文を、支援者と日本語でやりとりしながら教材の内容確認を中心に読み進めていくことになる。なお、母語支援者が同席していたため、子どもはいつでも自由に母語で母語支援者に確認

第3章　本研究の研究課題と方法論　67

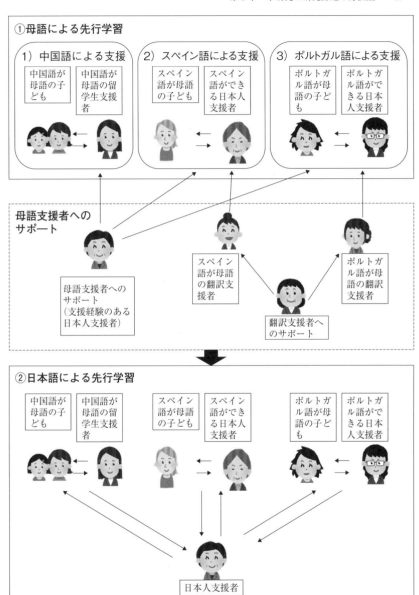

図3-2　「母語による先行学習」と「日本語による先行学習」における支援者の関係図の一例

や質問ができる。

このような支援を経て、子どもたちは在籍級の授業内容の予習ができた状態で在籍級の授業に参加する。

3.6.2 教材について

教科学習支援においては以下の教材を準備した。

①国語の教材文の母語訳文

中国語版、スペイン語版、ポルトガル語版の教材翻訳全文（一部要約文）を作成した。中国語版は大学の中国語が母語の留学生が作成し、スペイン語版とポルトガル語版は地域に住むペルー出身の母語話者とブラジル出身の母語話者が作成した。翻訳教材を用いた理由として、母語訳文を読むことで、子どもの背景知識や経験を踏まえた上での教材内容への深い理解が得られると考えたからである。

②母語版ワークシート

中国語版ワークシートは大学の中国語が母語の留学生が用意した。スペイン語版ワークシートは中国語版ワークシートを参考にしながら、日本人でスペイン語ができる支援者が用意した。ポルトガル語版ワークシートは、地域に住むポルトガル語が母語（ブラジル出身）の母語話者が大学側からの支援を得ながら作成した。

母語版のワークシートを使用することで、子どもは日本語が不十分という言語面での制約を受けずに、子どもの認知・学力に相当した教科学習に参加することが可能となる。内容は「なぜ那須与一は矢がはずれたら自害すると考えたのか」（平家物語より）など、理由を問う記述式問題を中心に、状況の把握、心情の把握、主題の把握など、本文の内容理解の確認が行えるものとなっている。

③日本語版ワークシート

2005年度は大学の日本語支援者がワークシートを作成した。2006年、2007

年度は大学が「課題のリソース（課題例）」を提示し、国際教室担当者（＝授業者）がその「課題のリソース」を取捨選択する、あるいはオリジナルの課題を付け加えるなどして、ワークシートを作成した。

　課題については、子どもは日本語が不十分という言語面の制約を受ける場合が多く、また、個々の日本語のレベルも滞日期間により差があることから、課題の候補を子どもの日本語のレベル別にいくつか作成した。内容は「平家は今どこにいますか」（平家物語より）など、本文の概要の把握や確認ができるものとなっている。また、子どもの日本語力に合わせて、出題も選択式と記述式となっている。

　以上の教材を準備した。これらの他に、課題に合わせて、年表や写真などの参考資料や視覚素材を、母語、日本語それぞれの支援者が用意した。

第4章 留学生支援者の教科学習支援に対する意識【研究1】

4.1 はじめに

子どもの教科学習においては、少数ではあるが、子どもの母語を活用した教科学習支援の例もみられる。ここでは、母語支援者の中で留学生が行った支援実践を取り上げ、その実態と残された課題を明らかにしていく。

朴（2006）は、韓国人の児童3名を対象に日本語教育実践を行っている。その進め方であるが、最初に、日本語で学習内容について説明する。その後、子どもが理解できないと判断した場合は、母語で子どもがわかりやすい例を与えるというプロセスを経て、子どもの学習言語の育成を図っていた。このように、学習内容について日本語で指導し、子どもの理解度によって、母語にコードスイッチングしている。これにより、教科・母語・日本語の育成が促されるとしている。

朴（2006）の言う言葉の理解とは学習言語を指し、教材全体を通しての内容理解については明らかになっていない。また、初めに日本語で学習内容を説明し、その後、子どもの様子を見て母語で説明することから、母語は、副次的な位置付けになっていることが窺われる。

次に、留学生の意識を探ったものに、孫（2012、2013）がある。孫（2012）は、在日中国人児童の支援活動（通訳・教科指導）における留学生の役割と意識を探った。その結果、孫の対象となった留学生は、①子どもの心のケアを果たす、②適応指導・教科指導による生活及び学力の保障、③通訳を通して教師と子どもの両親のパイプ役となるという三つの役割があることを明らか

にしている。

　この中で教科指導・適応指導に着目する。まず、教科指導についてだが、国語、社会、数学の授業を中心に入り込みを行ったある留学生は「日本での授業内容は、実は私にとっても新鮮な内容でした」（孫 2012：41）と述べている。このような活動は、留学生にとって、支援をやりこなせたという成功体験の獲得および自己発見の場となったという。

　適応指導については、ある留学生が「日本の生活にもっと早く慣れてもらうために、日本の習慣と風俗を教えることが大事だと思います」（孫 2012：41）と述べている。この適応に関して「日本での生活を円滑に行うために外国人の子どもに必要最低限のものは」という質問をしたところ、留学生からは、「礼儀やマナー」、「他人に対する感謝の気持ち」、「異文化を受け入れる態度」、「わがままにしないこと」、「郷に入っては郷に従え」、「勉強の向上心」、「異文化に対する興味など」という回答があったとしている。

　孫（2013）の報告をまとめると、適応指導及び教科学習支援活動は留学生にとっての自己成長と自己実現の場となり、支援を通してやりがいを見出していると推察される。子どもの日本への適応に関しては、上述したように「郷に入っては郷に従え」に代表されるように、受け入れ学校への無条件の適応が必須だと留学生は考えているようである。

　以上の先行研究をまとめると、子どもの教科学習における言語生態環境の保全はあくまでも日本語中心で、母語による保全はコードスイッチングのように部分的なものにとどまっている。また、子どもの学校生活への適応は「郷に入っては郷に従え」のように、子どもがそれまで母語や母文化で培ってきた既有知識を活かしていくという発想を持てずにいる。

　本章で対象となる留学生は先にも述べた通り、支援開始当初は教科支援に子どもの母語を活用することに対して、全面的に受け入れているとはいえなかった。この点に関しては朴（2006）や孫（2013）が対象としている留学生と共通している。しかし、支援を進めるうちに、肯定的に捉えるようになっ

ていった。ここでは、留学生がどのような学習支援を通してどのような意識を持ったかを明らかにし、留学生の当事者性獲得の様相を明らかにしていく。

4.2 研究方法

4.2.1 研究課題

研究課題1：母語を活用した教科学習支援を行った留学生支援者は教科学習支援を通してどのように当事者性を獲得したか。

4.2.2 対象者について

対象者となった留学生支援者は3人で徐、馬、袁（いずれも仮名）である。この3人は中国からの留学生で、大学院での専門は日本語教育である。留学生が支援を担当した教科は中学国語であるが、国語の専門性は持っていない。3人とも日本語能力試験1級を取得している。インタビュー当時（2006年9月）の3人の子どもに対する支援歴は、徐は5年1か月、馬は2年3か月、袁は1年8か月であった。支援場所は、子どもの所属する学校やNPOの活動拠点である大学の教室、また、プロジェクトのように中学校などで行っていた。表4-1は対象となった母語話者支援者の支援の概要である。

この3名を本研究の対象者として選択した理由は以下の2点によるもので

表4-1　対象者の学習支援の概要

対象者	性別	日本語能力試験	活動期間	支援した子どもの数（内訳）	支援教科
徐	女	1級	5年1か月	8人（小学生3人、中学生5人）	国語
馬	女	1級	2年3か月	5人（小学生1人、中学生4人）	国語
袁	女	1級	1年8か月	2人（小学生1人、中学生2人）	国語

(2006年9月現在)

ある。
　①この3名は、プロジェクトに母語支援者として参加した。中国語が母語の2名の子どもを担当していることから、環境の差を要因とする影響は考えにくいと判断した。
　②この3名は、NPO[42]に所属して、この支援に先行、あるいは平行して1年以上子どもの学習支援を経験している。本研究では、支援者の意識の変容を見ることを目的としているので、一定の時期を必要とし、1年以上の支援経験を持っているという条件をつけた。
　以上の理由からこの3名を本研究の対象とした。

　中学校で行われた留学生による母語支援は、「『母語による先行学習』と『日本語による先行学習』における支援者の関係図」（図3-2）にある「①母語による先行学習」の「1）中国語による支援」である。

4.2.3　分析方法

　研究課題を明らかにするために、2006年8月から9月にかけて対象者の徐、馬、袁に「相互育成学習」に基づく学習支援に関して半構造化インタビューを実施した。留学生はプロジェクトに先行あるいは平行して「相互育成学習」を基にした支援を行っていたため、その意識を明らかにする必要がある。
　その理由として、第1に子どもを対象とした教科指導は、日本人が日本語で指導する場合が圧倒的に多いこと（水野・矢崎・高畑 2014など）、また、母語支援者が母語で支援を行っていても、その役割は補助的なものに留まっている。母語話者支援者の意識を明らかにすることは、母語を活用した支援への示唆となると考えられる。
　第2に、第2章でも述べたように「生態学的支援システム」の構築には、

---

42)　NPO法人子どもLAMPのこと。

言語少数派の人々の参画が不可欠であり、その参画の過程の評価は当事者が行う（岡崎敏雄 2005a）。そこで、留学生が、支援活動に対してどのような意識を持っていたか、その様相についてインタビューを通して明らかにする必要がある。

インタビューは了承の上、ICレコーダーに録音し、全て文字化した。文字化したインタビューデータをM-GTAを用いて質的に分析した。その際、語りについての解釈はプロジェクトの大学のメンバーとともに検討した。

インタビューの時間は一人90分から120分である。インタビュー項目は①日本語を母語としない子どもに対する学習支援経験に関すること、②教科学習支援に関すること、③母語使用に関すること、④「相互育成学習」に関すること、⑤支援を担当した子どもに関すること、⑥支援準備や感想について、⑦今後の支援に対する期待や不安について、⑧日本語母語話者支援者との支援についてである。

具体的な内容を以下に示す。①から⑧の項目を中心に質問し、「・」にある項目は必要に応じて補助的に質問した。

①「日本語を母語としない子ども」に対する支援経験について、お尋ねします。
・初めて支援をしたのはいつですか。
・なぜ「日本語を母語としない子ども」に支援をしようと思いましたか。
・初めての支援は、どんな子どもに対して、どんな形・方法での支援でしたか。
・初めて「日本語を母語としない子ども」に支援をした時、どう思いましたか。
・これまでに、何人のどんな子どもに支援していますか。中でも特に思い出に残っている支援があったら教えてください。
②教科学習を支援することについて、お尋ねします。
・どんな教科を支援したことがありますか。
・専門家以外の人が教科学習を支援するということについて、どうお考えですか。（どんなメリット・デメリットがあると思いますか。あなた自身、新しく発見したことや良かったこと、逆にためらったことや困ったことはありましたか／ありますか。）

③母語を使うことについて、お尋ねします。
・学習の際、母語を使って支援することについて、どうお考えですか。(どんなメリット・デメリットがあると思いますか。あなた自身、新しく発見したことや良かったこと、逆にためらったことや困ったことはありましたか/ありますか。)

④「相互育成学習」について、お尋ねします。
・「相互育成学習」は、支援前から知っていましたか。どの程度知っていましたか。
・なぜ、「相互育成学習」で支援してみようと思ったのですか。
・実際に「相互育成学習」で支援してみて、どう思いましたか。(支援前と、実際に支援をしてみた後で、何か違ったことはありましたか。)
・「相互育成学習」のどんな点がいいとお考えですか。
・「相互育成学習」のどんな点が悪い(十分ではない/難しい)とお考えですか。

⑤支援を担当した子どもについて、お尋ねします。
・それぞれの子どもの印象を教えてください。(性格・学習態度など)
・去年の支援には複数の子どもが参加していましたが、一人に対する支援と比べて、何か違いましたか。子どもの学習に対する態度などで気がついたことがありましたら、具体的に教えてください。また、支援する際、あなたはどんなことに注意していましたか。
・支援の際、どのように子どもと接しようと思いましたか。それはなぜですか。
・支援当初、子どもの母語(母語力)について、何か気づいたことはありましたか。
・支援中、母語の保持・伸長を考えましたか。具体的にあなた自身はどのようなことを行いましたか。
・支援を始めたころと、終わったころでは、子どもの学習に対する態度に変化が見られましたか。具体的な例があったら教えてください。

⑥支援準備や支援の感想について、お尋ねします。
・支援の準備にどれくらい時間がかかりましたか。
・準備や実際の支援の際、どんな点を工夫しましたか。
・支援をしていて、どんな時が嬉しかったですか。
・支援をしていて、難しいと思った点はどんな点ですか。
・支援をしていて、こんなシステムやこんな他からの協力があればいいなと思ったことはありますか。(何があれば、よりより支援ができると思いますか。)

・「学校」で支援をすることは、他でする支援と何か異なりますか。どんな点が異なりますか。(メリット・デメリットがあったら教えてください。)
・支援を通して、あなた自身変わったと思いますか。どんな点が変わりましたか。
・支援した子どもに対して、今後どんなことを期待しますか。その他、支援を通した率直な感想がありましたら、教えてください。
⑦これから行う支援について、お尋ねします。
・これから行う支援で、あなたはどのように関わりたいと思っていますか。
・あなたと日本語母語話者の違いは何だと思いますか。
・これから行う支援で、どんなことを達成したいと思いますか。
・これから行う支援に対して、何か不安な点はありますか。
・学校や他の支援者に期待することはありますか。どんなことですか。
・これから支援する子どもに対して、どんなことを期待しますか。
⑧日本語母語話者支援者との支援についてお尋ねします。
・日本語母語話者支援者といっしょに支援をしているときに、やりやすい点やりにくい点、あるいは困った点などありましたら教えてください。

4.2.4 インタビューにおける筆者のスタンス

インタビューを行った当時、筆者も日本語支援者として、日本語支援や参与観察を行ってきた。やまだ (2007) は質的研究において、研究者がどのような位置に立ち、どのようなバイアスを持って出来事を認識しているのか、自分の見方や方法論を絶えず省察しなければならないと述べている。筆者は実践者としての立場もあり、実践で知りえたことから解釈する傾向があるという認識をした上で、つとめてデータから解釈するようにした。

4.3 分析結果

4.3.1 結果図

M-GTA による分析の結果、一つのコアカテゴリー、四つのカテゴリー、

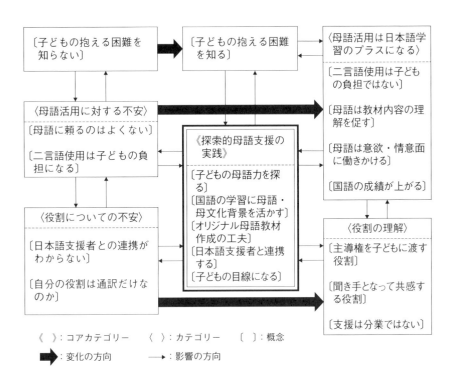

図4-1 留学生の母語支援に対する当事者性獲得のプロセス

第4章　留学生支援者の教科学習支援に対する意識【研究1】　79

18の概念を得、以下のような結果図にまとめることができた（図4-1）。なお、インタビューは2006年8月から9月にかけて行われた。

次に、図4-1の結果図を基に、分析結果のストーリーラインを述べる。コアカテゴリーは《　》、カテゴリーは〈　〉、概念は〔　〕で囲んだ。

「相互育成学習」に基づく支援を行った留学生は、支援に参加する以前は、子どもが学校で日本語の問題で困っているという〔子どもの抱える困難を知らない〕状況であった。支援当初、留学生はいつまでも〔母語に頼るのはよくない〕し、また、〔二言語使用は子どもの負担になる〕のではないかと考え、強い〈母語活用に対する不安〉を覚える。さらに〔日本語支援者との連携がわからない〕という不安や〔自分の役割は通訳だけなのか〕という思いに囚われ、自分の〈役割についての不安〉に陥る。

そこで、支援現場で、まずは母語を活用する前提として〔子どもの母語力を探る〕ことを試みる。また〔国語の学習に母語・母文化背景を活かす〕ことを考えるが、他に副教材などもなく、国語科教育法などについての知識もないことから試行的に〔オリジナル母語教材作成の工夫〕をはじめる。その際、〔日本語支援者と連携する〕ことや、〔子どもの目線になる〕ことを試みるなどして《探索的な母語支援の実践》を試みる。

このような支援実践を通して、支援者は〔子どもの抱える困難を知る〕ようになる。

母語支援者は〔二言語使用は子どもの負担ではない〕ことや〔母語は教科内容の理解を促す〕ということを一つひとつ実感していく。さらに、母語を活用することで、学習面のみならず、子どもの意識の面においても〔母語は意欲・情意面へ働きかける〕と実感できるようになっていた。加えて〔国語の成績があがる〕という副産物まであり、支援当初持っていた〈母語活用に対する不安〉が〈母語活用は日本語学習のプラスになる〉と考え大きく変容を遂げていく。

また、母語話者としての自分の役割に関しても学習の〔主導権を（支援者

から）子どもに渡す役割〕やさらには子どもの話の〔聞き手となって共感する〕役割だという認識が生まれた。一方、日本語支援者との関係も〔支援は分業ではない〕、日本語支援者と母語支援者の両者の協働作業なのだという認識に変容し、支援開始当初の〈役割についての不安〉が母語話者としての独自の〈役割の理解〉ができるようになった。

以上のように、留学生の母語支援に対する意識は、懐疑的なものから肯定的なものへと変容した。つまり、母語が子どもの教科学習を阻害するものだと捉えていたが、母語は子どもの学習を推進し、この学習に自らが貢献できるものと捉えるようになっていった。この意識変容のプロセスを見てみると、意識変容をもたらした要因はコアカテゴリーである《探索的母語支援の実践》であることが窺え、子どもや日本語母語支援者との相互交渉が留学生の意識変容を促していると言える。このように意識の変容が見られたことから、母語支援に対しての当事者性が獲得されたと言えよう。

4.3.2　各カテゴリーについて

先にも述べたように、本研究では、一つのコアカテゴリー、四つのカテゴリー、18の概念を得た。ここでは、各カテゴリー間の関係、各概念間の関係について述べる。なお、語りにある「@」は笑い、（　）は補足説明、下線は特にキーとなる語りを表す。

4.3.2.1　概念〔子どもの抱える困難を知らない〕

留学生はいずれも中国の大学で日本語を学び、さらなる日本語の向上を目的として日本の大学院への留学を果たしている。他方、対象となる子どもたちは、ある日突然、親に伴われて移動せざるをえない状況で来日しており、子ども自身が来日の目的をもっていた訳ではない。

以下は、子どもの状況について述べている語りである。

> 語り1
> 私最初あまり外国人の子どもがあの、日本で生活していて困っていないと思っていたんですね。それで、最初に留学したときにすごくその、外国人の子どもがしゃべれる日本語が大人よりきれいだし、けっこう、日本人とあまり、変わらないのがあるんですけども、特にその、中学校のAさんとかは、先生と普段の会話をしてて、あまり外国人と思わない、くせがないですから。でも、いったんその教科書を読むと、すごくそのつまずいたところがあるし、びっくりしました。けっこう、やはり実際に生活で、しゃべっている言語と、あの、勉強しているときに使っている言語がちょっと差があるなと思いました。(袁)

> 語り2
> (NPOの支援において) 最初の子どもは不登校の子どもだったんですね。だから、支援自体は、支援自体、勉強、学習支援行うことが難しくて、最初のころ、ほとんど毎回子どもの家に訪ねたり、子どもと話をして、勉強、学校に行ったほうがいいよとかみたいな話。(馬)

　生活言語レベルでは、特に問題がない子どもであっても、学習言語レベルでは、つまずいていることに、袁は「びっくりしました」と率直な感想を述べている。支援当初、大学院レベルの日本語力を持つ袁としては、学習の場での言語が育成されていないことに対しての理解はまだまだできていなかったと言える。

　馬の語り（語り2）は、袁の語り（語り1）より、さらに深刻さを増している。馬はNPOでの支援を通して、不登校という状況で、年齢相応の認知レベルを獲得する場に参加できていない子どもの存在を知る。このように、馬は子どもを取り巻く生活の環境の悪さを目の当たりにするのである。

4.3.2.2　カテゴリー〈母語活用に対する不安〉

　留学生の多くは「相互育成学習」に基づく学習支援の理論は理解していて

も実際に支援現場に入ると、具体的な支援方法がわからず、〈母語活用に対する不安〉を持つ。このカテゴリーは二つの概念①〔母語に頼るのはよくない〕、②〔二言語使用は子どもの負担になる〕からなる。

①概念〔母語に頼るのはよくない〕

「相互育成学習」に基づく学習は、留学生自らが作成した国語の教材の母語訳を使用して先に母語による支援を行い、そのあとで、日本語による支援が行われるのだが、留学生は、これまで、母語を使って学習支援をした経験がないことから、母語を使って支援することの意義について懐疑的に捉えている。

語り3
最初、徐さんの（支援の）見学をしたことがあるんですけども、その支援の中で。もう、ちょうどその日は和歌の勉強なんですけども、まず、中国語でやって和歌をやって、で、その次にはその同じ内容のものを日本語読ませる。その時には、それ、分かるのは当たり前じゃん＠というようなかんじなんですけども、なんでこれ（母語支援と日本語支援）をやるのかはわからなかったんですね。（袁）

語り4
いつもいつも、その母語訳を頼っているから、で、どうして、日本の社会で長く生きていくと思いますけど、いつもその母語訳に頼ってしまうと、いったん、ある日（母語による助けが）なくなった時には（困るのでは）。（袁）

袁は支援を始める前に、支援の先輩である徐の支援を見学している。袁は見学の際、教材内容の理解は母語訳によるものが大きいと考えており、母語支援と日本語支援の役割や関連性については、見学時はまだ理解ができていないことがわかる（語り3）。そして、語り4では、日本に定住することを前提にするのであれば、母語による助けがなくなった場合、子どもが困るので

はないかと、子どもの今後について危惧している。同時に、袁は中国語に対して、子どもにとっては一時的に必要な言語であっても、日本で生活するためには、あまり役に立たない言語と捉えているのがわかる。この語りからは、先述の孫（2013）の「郷に入っては郷に従え」にあるように日本社会への適応にはまずは日本語習得が最優先だとする考えを持っているようである。

②概念〔二言語使用は子どもの負担になる〕

次は、支援において、母語と日本語を使用することに対しての語りである。

語り5

一回目のLAMP（NPO法人子どもLAMP）のミーティングに参加したときに、あの、本当に両方（母語と日本語）で一緒に支援するという話を聞いたときに、私の直感的な考えは「え、混乱しませんか」でした。うん、ま、やってもないのに@なぜかそういうふうに思ってしまいました。（徐）

語り6

なんか、二つのなんか、ストーリー（母語支援と日本語支援における教材文）、なんか聞いたあとのその直後の反応ですが、深く、深く考えて、ただ、二つの言葉（母語と日本語を使用すること）で、なんか困りませんか@と思ってしまいましたね。（徐）

また、この他にも「子どもの負担」という表現で二言語の併用について疑問を投げかけていたことから〔二言語使用は子どもの負担になる〕という概念名をつけた。このように、留学生が二つの言語を使用することに対して否定的に捉えている。二つの言語を学ぼうとすれば、どちらの言語も成長しないという考えが前提になっている。このような考え方がアメリカやカナダ等の海外では、親、教師、政治家、公的機関の間に影響を与えたと指摘されている（ベーカー 1996）。留学生もまた同様に捉えている。

4.3.2.3 カテゴリー〈役割についての不安〉

このカテゴリーは以下に示すように二つの概念①〔日本語支援者との連携がわからない〕、②〔自分の役割は通訳だけなのか〕からなる。

①概念〔日本語支援者との連携がわからない〕

留学生は日本語支援者とチームになって行うという支援形態もこれまで経験がなく、どのような連携をとればいいのかよく理解できずにいた。

> 語り7
> なんでも、その（支援）の最初の段階は特にそうかもしれないですが、二人の、ま、たぶん最初が一番難しい。子どもの状況も知らないので、支援者のお互いの状況もよくわからないので、その模索段階が大変だと思います。（徐）

> 語り8
> 最初はたぶんあの、教科の時間とか分けてなくて、いっしょに教科書とか（子どもと日本語支援者と）3人でいっしょに見たりして、で、わからないところがあったら中国語で説明したりしてみたいなかんじ…だった。（馬）

「相互育成学習」では、留学生と日本語支援者との連携を重視している。しかし、実際に支援を行ってみると、具体的な支援方法がわからず、暗中模索の中、子どもと向き合っているのが窺える。子どもの母語力によっても支援方法が違うこともあるため、子どもの母語力把握も重要となる。また、支援パートナーがどのように協働作業を行っていくかは、パートナー同士の信頼関係の醸成が肝要だと言えるだろう。

②概念〔自分の役割は通訳だけなのか〕

留学生は子どもの母語支援において通訳など補助的な参加が期待されることが多い。

第4章　留学生支援者の教科学習支援に対する意識【研究1】

以下は、馬と筆者（＝U）とのインタビューでのやりとりである。

語り9

01馬：なんか、自分がなんでここ（支援の場）にいるか@ちょっとわかりませんでした。
02U：自分がなんでここにいるのかわからない。それは？
03馬：自分の役割、なんか、果たしてないというか、ただ通訳だけなのと思って、なんか悔しいというか、ちょっと怒ったときもありました@。
04U：怒ったときがあった。
05馬：ちょっと不満に思ってて@そう。
06U：その怒ったというのは誰に？怒った？
07馬：ああ、そんなに、別にその子どもとかその相手に対して怒るわけじゃなくて、自分の心の中で怒った@ようなかんじ。
08U：ああ、なんで私ここにいるの？というかんじで。
09馬：はい、はい。ただ通訳だけなのみたいな。
10U：ああ、なるほど。
11馬：なんか、自分が、なんていうの、支援をやる主導権与えられてないようなかんじ@。ただ、日本人の方がやっていて、私がついて、ただ、わからないところ（を通訳している）。

　馬はNPOで初めて行った支援の感想を述べている。この際一緒に組んでいた日本語支援者も初めての支援で、当時、二人は支援方法がよくわからないまま、手探り状態で支援を行っていたという。馬の語りからは、日本人の支援者を中心に支援が進んでいた様子が窺われる。それに対して、母語を日本語と同様に重視するという「相互育成学習」の理念と、実際の支援の現場にある状況との乖離に馬は「悔しいというか、ちょっと怒ったときもありました@」(03)と述べ、憤りを持って当時をふり返っている。馬が通訳を中心に支援を行うということは、日本語支援者の補助的役割を担うことになり、十分な支援参加ができない状況となっている。これに対して、「支援をやる主導権与えられていないようなかんじ@。ただ、日本人の方がやっていて、

私がついた、ただ、わからないところ（を通訳している）」(11) と自分の役割について述べている。

支援開始当初は、母語支援者である留学生は、母語を活用した支援を担うことを期待されて参加しているが、留学生自身も、母語活用が、子どもの日本語習得の妨げになるし、また、子どもの将来につながらない言語とみなしているのが窺われる。

「相互育成学習」では、日本語支援者と留学生が対等的な関係で協働的に支援を行うことが求められているが、馬の語りからは、日本語母語話者が主導権を持ち、中国語母語話者である馬自身は十全な支援参加ができず、周辺化されている状況が窺われる。

4.3.2.4　コアカテゴリー《探索的な母語支援の実践》

前節では、留学生の支援開始前や支援開始当初の意識に着目して、その意識の様相を探った。この意識が教科学習の支援実践を通して、どのように変容していくのだろうか。

①概念〔子どもの母語力を探る〕

留学生は、子どもの個々の母語力もわからず、また、母語を活用した教科の既成の教材もないことから、子どもの母語力に合わせた教材の母語訳とワークシートを手探りで作成しなければならない。そこで、留学生は以下のような方法で子どもの母語力を探っている。

> 語り10
> 子どもの母語力、また落ちているので、どれぐらい落ちているのかわからなくて（教材文の）文章の難しさと子どもの中国語のレベルに合うような訳文を作ることがとても難しかったです。それで、当初いろいろ異なる学年の文章を持ってきて、ああ、小学校3年生の文章なら少し読める、あるいはこのようなこのレベルの漢字を使ったら読めると、ちょっとはじめて感覚をつかめたようです。(徐)

> 語り11
> 最初に会った時、実際の母語力がどのぐらいあるのかを確かめたかったのでそういうようなもの(中国語の漢字の読み書き問題)を作っているんですけど。(袁)

　語り10では徐がNPOでの支援をふり返りながら語っている。その支援の当時、来日してから4年が経過して母語力が落ちている子どもに対して、いろいろな学年の中国語のレベルで試しながら、子どもの現在の母語力や既有知識を探りだし、その母語力に対応した母語訳文を作成している。

　語り11で対象となった子どもは来日してから1年未満だったが、袁は子どもに翻訳文に出てくる漢字の読み書き問題を作成し、子どもの現在の読み書き能力を探っている。

　子どもは来日からの経過年数や家庭での母語保持についての考え方などさまざまの要因によって母語力に差が出てくる。このような状況の中、留学生は、個々の子どもの母語力を探り、それぞれの母語力に合わせた「読む」「書く」活動を通じて子どもの認知的発達に応じた学習課題の設定を試みている。

②**概念**〔国語の学習に母語・母文化背景を活かす〕
　留学生にとって、日本の「国語」を母語で教えるということは初めての経験である。どのような意識で母語・母文化背景を国語に活かしていったのだろうか。

語り12
私とりあえずその教科書自分で読んで内容理解、まず、自分が理解して。で、どういうところが重要なのか、どういうところを子どもにわかってもらえたらいいのか、できるようになったらいいかを考えた後、日本語の文章なのでこれと似ている子どもが既に持っていること何かがあるんじゃないかと予測して、できればその接点とか考えて、見つけだしたりして、そこからまず子どもの背景とか聞いたりしてその接点を通して今の内容を始めたほうが子どもにとってそんなに遠いものじゃない。（馬）

語り13
その国（中国）の環境、背景とか、ある程度わかるので、中2の子ども、中国でどのくらい勉強しているとか、（学校の）先生より子どもの情報もっとたくさん把握しているような感じ。（馬）

　語り12では、馬がまず、内容を理解した上で、中国と日本の背景の接点を見つけ出し、それを、学習に活かすことで子どもが内容によりアクセスしやすくしようとしているのがわかる。また、語り13では日本の学校の教師よりも、子どもの中国での学習環境や情報を把握しているという母語話者である留学生ならではの特性を学習に活かしているのが窺える。
　次は母語に関しての語りである。

語り14
一緒に学ぶ（支援を始める）前ですが、話、雑談の話をするときにみんないっぱい中国語で話すことができてとてもうれしいようですね。実際、子どもたちが中国語で学ぶことに対して積極的に受け入れて認めているようで、特に本当に（母語を）むしろ活かしていくべきだなと思いました。（徐）

徐は、支援当初は、母語を活用した支援に対して懐疑的だった。しかし、子どもたちが母語使用を積極的に受け入れている様子を見て、「むしろ活かしていくべき」だと語っている。これは、母語を使うことで子どもが混乱していないということを実感したからだと思われる。さらに、この実感が徐の積極的な母語活用を促したと言える。自分達が子どもと共通の母語や母文化背景を持つということが、子どもの内容理解において、有効であることを、実践を通して実感しているのが窺われる。

③**概念〔オリジナル母語教材作成の工夫〕**

　子どもの母語力を探り、また、積極的に母語・母文化の背景を活かすために、留学生は母語教材を作成している。教材作成の際には、表現レベルを調整し、情報リソースを活用し、工夫を重ねながら作成していることが語られている。

> 語り15
> （四文字熟語）を持ってきたり〈中略〉その字（英語名）からどうやってその人のなんという性格が出したらいいかなと思う、ということは考えました。（袁）

> 語り16
> 適当と思っているような表現を使ったり、なるべくその文章の美しさとかそういうのを表現できるような表現を使いました。（徐）

　留学生は適切な中国語らしさがでるように「四字熟語」を使用し、カタカナで書かれた人名の漢字表記にもこだわるなど、さまざまな工夫をすることによって、各々の支援者のオリジナリティが出たと言える。

語り17
実際にやってみて、やっぱり、子どもは、なんか興味持ってくれそうな感じ。うん。子どものそういう気持ち安定している感じ、そう感じられるし、実際に教える時も例えば中国の背景、日本と結びついていて、やっぱり教科書って日本の教科書なのでそれだけ勉強するの、ちょっと難しいし、中国語のことだと、何か子どもの知っていること接点があれば、わかりやすいし。(馬)

　留学生は中国の背景を日本と結びつけて支援を行っている。子どもは母国での身近な話題を基に支援がすすめられるため、精神的な安定や学習内容に対する興味を引き出していると考えられる。

　このように、工夫と手間をかけて作成された母語教材に対し、子どもたちは次のような反応を示している。

語り18
私の文章は魯迅のような文章みたいと言われました。でも、なんか別に、どうかな、堅苦しい、でも、なんか、もしかして力が入っているような感じかもしれないですね。それで、馬さんの文章は、台湾のある有名な女性作家の文章みたいとか、そういう話を聞いたことがあるので、たぶん、人によって、文章の感じが違うかもしれない。(徐)

　ここでは、子どもたちが支援者によって訳文の雰囲気が違うことに気づき、魯迅や台湾の女流作家など馴染みのある作家の文章のスタイルと比較していることが語られている。

　留学生は日本語と中国の接点を見つけ出し、それに独自の解釈を加えることで、各々にオリジナリティに富んだ母語教材を作成した。このような翻訳のバリエーションに子どもたちが気づき評価していることは、同一の事象に対し多様な表現や解釈の仕方があることを子どもたちに提供してくれていると言えるのではないだろうか。つまり、母語教材それ自体が子どもたちの教材に対する解釈の視点や母語の表現方法を広げる上で貴重なリソースとなり

得ると考えられる。

④概念〔日本語支援者と連携する〕

「相互育成学習」の特徴のひとつとして、日本語母語話者とのチームによる支援形態があげられる。以下はこの形態についての語りである。

> 語り19
> 二人でいっしょに（支援を）やっているので安心感があるんです。何かわからないところがあったら相談する。特に日本語の文章とかこれどの時代のものなのかとか。まず、自分がわからないとぜんぜん支援の場できないんで。その前にまず、いろいろ聞いて教えてもらうとか。けっこう、なんというの、心強く、強い存在というか。（馬）

> 語り20
> 子どもの気持ちよくわからなかった。こういうときに、疲れた、もう、いよいよ休憩したという、なんか、例えば子どもが合図、サインを出したかもしれない。自分はそれを認識していない。〈中略〉子どものことをまだよく理解していなかったんですね。それをまたJT（日本語支援者）さんといろいろ話をしている中で、あ、子どもはこういうような反応があるんだ、あるいはこういう反応があるのは当たり前だと、自然と。少しずつ理解できるようになって、なんか変わりましたね。（徐）

語り19では、日本語の文章や時代背景など、具体的な学習内容において、日本語支援者からのサポートがあったことが語られている。一方、語り20においては、留学生は子どもの態度や反応が何を意味するのか理解できずにいたが、日本語支援者とのやりとりを通して、子どもの態度の理解が促進されたと述べている。このように、具体的な学習内容や、子どもの態度や反応についてなど日本語支援者のサポートを受けている。支援パートナーである日本語支援者を、安心でき、そして心強い存在として、全幅の信頼をおいていると言える。

次は支援における中国語使用についての語りである。

> 語り21
> 日本語（支援）の時間とかで、私、よく中国語とか話すんですけど、子どもがわからないところがあったり、説明したりして、そういう時に、ああ、あの相手（日本語支援者が中国語が）わからないから、中国語で言っていいのかなって、なんか、ちょっと不安があったんですけど、（日本語支援者が）全然いいですよ、気にしないからとか言ってくれて。その後、そんなに気を使わなくなりました。（馬）

> 語り22
> JTさんはもちろん日本語で説明できないわけではないんですが、積極的に母語を使う場をもうけたりして、それは、とてもありがたいと思いますね。〈中略〉なんかそういう状況に応じて、その相手を視野に入れて、自分の中で解決するのではなく二人で行動をとることがとても大事で、また、難しいところ。（徐）

　語り21、22ともに支援の場において、日本語支援者が母語の使用を積極的に受け入れている様子が語られている。先に述べたように、学校現場では母語は副次的に扱われているケースが多い。その中で、母語専一の支援の機会を持つことは稀なケースと言える。そのためには、日本語支援者の理解が大前提となり、これが双方の支援者の共通理解とならない限り、母語を活用した支援は成立しないと言える。

⑤**概念〔子どもの目線になる〕**
　教材もなく、確立された支援方法がない中、留学生はどのように支援をしたらいいのか考える。

> 語り23
> 実際に私は中学生の時にはどうだったのかなということを考えて、あの時の考え方、感じ、考えた、あるいは感じたことを、多分同じく今の子どもも、同じ問題、悩みとかあることを考えているんじゃないかなと思って、けっこう使ってみたんですけれども。(袁)

支援で子どもと接するようになってから、袁は自分の中学生時代の経験を語り、より子どもの立場に近づこうとしているのが窺える。

> 語り24
> 二人の子どもの場合は次の一人が先に答える、そしてもう一人が答えがでない。(中略) そのあせりとか、そういう、ま、なんという、そういうことを生じさせないように。(徐)

このように、子どもが複数の場合は答えがなかなか出ない子どもに対して配慮をしているのがわかる。

> 語り25
> 一番、あの、印象に残ったのは、まず、すごく支援でよかったのが、私自身にも勉強になったのが、そのCちゃん(小学生の子ども)の作文を見て、私が翻訳して、で、支援の場に持ってきて、日本人の支援者といっしょにそれチェックしながら、みんないっしょに考えていくかたちがすごく、三人とも勉強になったかんじがしてたんですけど、今までは支援はずっと、なんというかな、<u>一方的に私たちは尽くしてあげる</u>というようなかんじなんですけども、実際にその場でそうでもなくて、<u>自分にとって、支援者にとっても勉強になれる</u>ということがすごく印象的でした。よかったと思いました。あらかじめ(教える)能力を持っているわけではなくて、本当に<u>子どもと一緒に学ぶ</u>、真剣に学ぶ、そういう姿勢になれればいいと思いますね。(袁)

支援者は子どもの関係を、「一方的に私たちは尽くしてあげる」と捉えて

いた。しかし、支援を重ねると、一方的に子どもに教えるのではなく、自らも勉強になると考えるようになっていった。つまり、「教える」「教わる」という関係ではなく、「子どもと一緒に学ぶ」という表現を使って、仲間のような意識を持っていることがうかがえる。支援にはマニュアルや指導力が必要とされるのではなく、一緒に学ぶ姿勢を持ち、子どもの立場にたって考えることが必要だということを述べている。

以上、コアカテゴリーである《探索的な母語支援の実践》を構成している概念について述べてきた。次節では、この《探索的な母語支援の実践》を通して、留学生の意識がどのように変容していったのかを述べる。

4.3.2.5　概念〔子どもの抱える困難を知る〕

支援を始める前や、支援当初、留学生は、〔子どもの抱える困難を知らない〕状況であった。

> 語り26
> 印象に残っているというか、ちょっと、感想が深い、ちょっと、考えられたのが、あの、たぶん、支援している小学校の、小学校の人だから、すごく、その集中力が足りないんですよね。支援の場に。<u>私も最初にすごくその頭にきて、私達はなんのためにここで時間を費やしたのだということがあるんですけども、おしゃべりだけをしていましたよね。</u>けっこう、支援の場で。で、あとで、考えたら、<u>その子のその特別な事情があると思いますけど、その支援というのが、教科の内容の理解をさせるためだけではなく、たぶん、その、感情的に、情緒的に支えてあげるというようなサポートもあるんじゃないかなと思うんですけれども、特に外国人の子どもに対しては。</u>（袁）

袁は、NPOで初めて支援をした中国人の小学生との支援について述べている。支援当初は集中の欠ける子どもに対して怒りを露わにしていたが、なぜ、子どもがそのような態度をとるのか考えたところ、子どもは特別な事情を抱えているのではと、子どもの態度の裏側に潜む事情について想像をめぐ

らすようになったという。子どもの一面的な要素だけではなく、その深層を知ろうとすることで、学習だけではない、サポートの必要性を考えていることが窺える。

　留学生は、支援当初、〔子どもの抱える困難を知らなかった〕が、《探索的な母語支援の実践》を通して、〔子どもの抱える困難を知る〕こととなる。

4.3.2.6　カテゴリー〈母語活用は日本語学習のプラスになる〉

　このカテゴリーは①〔二言語使用は子どもの負担ではない〕、②〔母語は教科内容の理解を促す〕、③〔母語は意欲・情意面へ働きかける〕、④〔国語の成績が上がる〕の四つの概念で構成されている。以下、概念についての詳細を述べる。

①概念〔二言語使用は子どもの負担ではない〕

　留学生は母語を活用した支援を開始する前は、〔二言語使用は子どもの負担になる〕のではと懸念していた。しかし、《探索的な母語支援の実践》を行うことで、母語を活用した支援は、子どもにとって負担にはなっていなかったということに気づいた。

> 語り27
> 一回目の支援、そう、ぜんぜん不思議なことに、このＲ君は中国語の時に全部中国語で、また、日本語の時には全部日本語で、その子どもの中でもそういう混乱する様子が見られなかったんですね。（徐）

> 語り28
> 実際、子どもたちが中国語で学ぶことに対して積極的に受け入れて認めているようで、特に、本当にむしろ活かしていくべきだなと思いました。（馬）

> 語り29
> 日本語の学習の面から考えると、いままで、その日本語の学習の場面で母語を使うのがすごくマイナス的にとらえていて、このモデル[43]でその日本語を勉強するのに母語の力を使うというような理念でやっているので私にとってすごく新鮮なかんじですね。もし、国に帰って、できれば私もそういうような、まあ、このモデルだけ、教科の支援だけじゃなくて、たぶん、外国語の教育にも使えるものじゃないかなと思います。(袁)

支援開始当初、留学生は二言語使用は子どもにとって、負担や混乱をまねくのではというネガティブな先入観があったが、実践を行うことで、完全にそのような不安は払拭され、逆にプラスに転じている(語り27、28)。また、「相互育成学習」を子どもだけではなく、外国語教育一般に汎用できるのではないかと、将来的な「相互育成学習」の可能性についても言及している(語り29)。

②概念〔母語は教科内容の理解を促す〕

それでは、母語を積極的に活用した結果、母語に対してどのような意識となったのだろうか。

> 語り30
> 母語の支援によってまず、その深層レベルのものが、もし、わかってもらって、で、日本語の支援が入ったほうがやはりメリットがあるかなと思いました。(袁)

> 語り31
> 中国語でいっしょに学ぶ、あるいは一緒に学ぶ機会を提供することで、その子はすばやく、その書いた内容を、ま、理解し、自分のいろんな考えを持っていました。それを述べることができました。(徐)

---

43) 「相互育成学習」を指す。

この概念の語りには、特に母語を使うことで教科の理解が促進されると述べていることが多かった。袁は母語の支援を「深層レベルのものがわかる」支援と位置付けている（語り30）。「内容を理解し、自分のいろんな考えを述べる」（語り31）ことは「深層レベル」に迫っていくことを意味するだろう。つまり、母語は思考を促し、教科内容の理解を促していると言える。

　以上の二つの概念を含むカテゴリーは支援当初の〈母語活用に対する不安〉が、《探索的な母語支援の実践》を通して不安がなくなり、むしろ積極的に活用することで、複数のメリットがあるという意識に大きく変わっていったことが窺われる。

③概念〔母語は意欲・情意面へ働きかける〕

> 語り32
> 子どもが母語の支援によって、自分の国の文化とかあるいは、自分の中国語にプライドを持つようになったのがすごく感じられて、それが、一番大きなメリットじゃないかなと思いますが。（中略）例えば、プライドだと思ったのが、自分の学校では○○君が韓国人なのに、でも、韓国語がぜんぜんしゃべれないんだよーとか。でも、自分は中国語ができるよ、のような話をしたことがあるし。（袁）

　この語りからは、子どもが自分の母語を堂々と使うことが許されている場の提供が、子どものアイデンティティの形成や言語生態の保全に大きく貢献していることが窺われる。

> 語り33
> 子どもたちがいつでもなんか、明るく、元気に生きるみたいな感想をたくさん述べることができましたね。そのたぶん、単なる話がわかった、また、点数が取れたとか、そういうレベルの意味ではなくて、本当に子どもに、ま、教科の学習を通して、本当に生きる力にもつながったかもしれない。うん、これは人生観とか、価値観とか、そういう深いレベルの学びができたと思いますが。これは、支援が有意義だと思いますね。（徐）

子どもの感想文を通じて教科学習が生きる力につながり、あるいは、人生観、価値観に貢献できる深いレベルでの学びができたと述べている。

母語を活用した支援が子どもの認知面・情意面・社会面に関わる子どもの言語の保全・育成を可能にしていると言える。また、「支援が有意義だ」(語り33)と徐が述べていることから、子どもの言語生態の保全が留学生の言語生態の保全をも可能にしていると推察される。

④概念〔子どもの国語の成績があがる〕

> 語り34
> 国語で勉強したことが日本語の勉強に活かされたこと。子どもが自分の力で日本語による課題をクリアしたことが、一番うれしかったですね。(徐)

> 語り35
> その訳文を読んでて、その話のおもしろさがはじめてわかったんですね。それで子どもに対して支援したのは、その次は砂漠の内容ですが、よくわかっていて、学校では満点をとりましたね。(徐)

> 語り36
> もともと(5段階評価中の)1だったのに、2にあがったということを聞いて、やはりうれしかったですね。(袁)

「相互育成学習」では、成績の向上を目的としている支援ではなく、あくまでも教科内容の理解に重点をおいている。しかし、結果として、内容理解が成績の向上につながっていることがわかる。語り35では、子どもが学校で国語のテストで満点をとったことが語られ、語り36では、国語の成績が5段階評価中の1が2にあがったことが語られている。一見すると両者には大きな差があるように感じられるが、どちらも子どもの個々の成長を表している。

子どもが自分の成績を率直に支援者に語ることは、支援そのものに対して、子どもが肯定していることを意味すると考えられる。

以上、留学生は《探索的な母語支援の実践》の過程を経て、支援当初抱いていた〈母語活用に対する不安〉が〈母語活用は日本語学習のプラスとなる〉と捉えるようになり、意識が大きく変容したことがわかる。

4.3.2.7 カテゴリー〈役割の理解〉

このカテゴリーは①〔支援は分業ではない〕、②〔主導権を子どもに渡す役割〕、③〔聞き手となって共感する役割〕の三つの概念で構成されている。以下、概念についての詳細を述べる。

①概念〔支援は分業ではない〕

> 語り37
> やっぱり、一人で支援をやっているんじゃなくて、二人でいっしょにやっているので、安心感があるんです。何かわからないところがあったら、相談する。(馬)

国語で扱われる教材は、古典、歴史、科学、文化など多岐にわたり、中学校の場合は学校で培った既有知識も必要となる。留学生は、日本での学校教育を受けていないことから、教材内容へのアクセスが困難な場合がある。このような場合は、日本語支援者に相談することで、問題を解決している。

> 語り38
> （子どもが）中国語のほうもよくわかったので、本当に日本語でよくできるようになって、とても、それがうれしいことです。でも、一方、自分の役割は、なんなのかちょっとわからなかったんですね。内心、日本語（支援）のほうももっと難しい内容をやってもかまわないと思いましたね。そのあと、子どもに聞きましたが、日本語のほうももっと難しい内容やっても大丈夫だといいました。もちろん、日本語、その、日本語の支援の時には、基本的な情報の収集、全然大丈夫でした。あと、いろいろ考えさせるとか、その、自分の意見を言うには難しいので、それを、やっぱり、難しい内容になると、中国語のサポートが必要になってきたので、そういう状況なので、そのあと自分でいっしょに参加しようと思いました。その時日本語でもいいから、ま、より多くの人の意見を言うことができればいいと思って、だから、子どもの状況によって、たぶん日本語による参加もありました。（徐）

　子どもの状況の変化によって、母語支援のみならず、日本語支援へも積極的な参加をしている。支援は、母語支援場面、日本語支援場面と分断され、支援者も母語と日本語と分業で行われているのではなく、子どもの状況によっては、母語支援者の日本語支援への参加も可能だとしている。

　支援当初は、〈日本語支援者との連携がわからない〉状況であったが、《探索的な母語支援の実践》を経て、支援者との連携についての不安が解消されてきているのがわかる。

②概念〔主導権を子どもに渡す役割〕

　支援当初、留学生は支援における自分の役割がわからずにいた。概念〔自分の役割は通訳だけなのか〕において「なんか、自分が、なんていうの、支援をやる主導権与えられてないようなかんじ」（語り9）と語っている。自分は通訳という補助的役割で主導権はないということに対して不満を抱えていた。

> 語り39
> 一人の子どもに対して、その場合は、やっぱり、子どもと先生の間のやりとりが一番多いんですね。で、<u>子ども二人いる場合は子ども同士のやりとりとかもけっこう多くて、で、先生がそういうチャンス与えたら、子ども同士のやりとりも増えるし、うん、そういう、なんていうの、先生がそういう勉強の主導権を握るんじゃなくて、みんなでいっしょに考えようみたいなかんじになりやすい@</u>。(中略) Bさん(中学生生徒)、なんか質問したらBさん、すぐ答えて、Aさん(中学生生徒)何も言わないので、ずっと私がなんか話したら、二人、私とBさんのやりとりになっちゃうので、<u>その時、Aさんは、とかそういうあのAさんにも参加してもらうように、そういうチャンスを与えたり、二人の間のやりとりを増やしたりして、そういう配慮をちょっとやりました</u>。(馬)

　馬のこの語りからは主導権は教師にあるのではないと意識が変化している。また、「その時、Aさんは、とかそういうあのAさんにも参加してもらうように、そういうチャンスを与えたり、二人の間のやりとりを増やしたりして、そういう配慮をちょっとやりました」という語りから、子どもが複数の場合は、それぞれの子どもの参加意欲を促している。支援はあくまでも子ども中心で、主導権を子どもに渡し、配慮していることが窺われる。

③概念〔聞き手となって共感する役割〕

> 語り40
> (子どもの話を)聞いて、何かのきっかけを作るような存在。(中略)いっしょに何かを確認できることがうれしい。あるいは、母語話者ができることかな。その、まあ、ようは、子どもの経験とか子どもの範囲の中でそれを共感したりする必要な存在だと思いますね。(徐)

> 語り41
> その恋愛の話になるというのが、たぶんその中学生なので、実際に私は中学生の時にはどうだったのかなということを考えて、あの時の考え方、感じ、考えた、あるいは感じたことを、多分同じく今の子どもも、同じ問題、悩みとかあることを考えているんじゃないかなと思って、(自分の経験を) けっこう使ってみたんですけれども。(袁)

　これらの語りからは、留学生は教科を教えるという役割だけではないということが述べられている。徐は、子どもの経験などの既有知識を聞き手として引き出す存在と考えている (語り40)。袁は、子どもの話を聞いて、自らの経験を照らし合わし、共感しようとしていることが窺われる (語り41)。

　留学生は支援当初〈役割についての不安〉を抱えていたが、《探索的な母語支援の実践》を通して、教科を教えるだけではなく、子どもが中心の支援を考え、子どものよき聞き手となっている。

4.4　考察

　ここで、研究課題1「母語を活用した教科学習支援を行った留学生支援者は教科学習支援を通してどのように当事者性を獲得したか」について考察していく。

　「相互育成学習」に基づく学習支援を行った留学生は、学習支援を進めていても、母語を活用しながらの支援に対して、不安を感じながら支援を行っていた。これは、孫 (2013) が対象とした留学生の語る「郷に入っては郷に従え」と同様に、日本にいるのであれば日本語優先という社会通念を受け入れている語りだとも言えよう。

　留学生は支援を通して、子どもが日本の公立学校で、日本語の問題から学業に苦労していることを知る。支援開始後に「教科書を読むと、すごくそ

つまずいたところがあるし、びっくりしました」（語り1）とあるように、子どもは教科書すら読めず実質的な授業参加ができず、子どもの言語生態環境および言語生態の状況はよくなかった。

　支援当初、留学生は子どもにとって二言語を使用することは子どもの負担になり、さらに、いつまでも母語に頼るのは子どものためによくないという意識であった。しかし、子どもの母語力や文化背景を探ることで作成したオリジナル母語教材で子どもに支援したところ、子どもに二言語使用において混乱している様子が全く見られないことがわかった。そこで、子どもにとって二言語使用は負担でないことが実感できたと考えられる。

　また、子どもが深い内容理解を示していたことから、母語使用は教科内容の理解を促すという意識に変容した。言い換えれば、留学生が持っていた子どもにとって母語使用に対して懐疑的な意識が消えた理由は、留学生が実施した母語による支援授業で子どもの学習がスムーズに運んだという実感であると言える。そしてその実感を支えたものは、子どもの個々の母語の力を踏まえ、母文化背景を組み入れ、子どもの認知的発達に応じた学習課題を設定できたことにあるのではないだろうか。

　留学生は、支援当初に抱いていた支援に対する不安が《探索的母語支援の実践》を進める中で消え、むしろ積極的に母語を活用した支援を進めることに理解を示し、その有効性について確信を抱くまでに意識が大きく変容していったことが認められた。

　このように母語使用に対して、懐疑的な意識から肯定的な意識に変容したのだが、その過程で教科学習における子どもの困難を知ったこともその要因としてあげられる。母語使用によって子どもの言語生態を理解し、子どもの抱える言語生態環境の保全に貢献できることを確信していった。そして、母語を活用した支援に積極的に関与できる主体的な当事者としての意識が新たに芽生え、当事者性を獲得していった。

　「相互育成学習」に基づく学習支援を行った留学生は、支援当初、日本語

支援者が主導権を持つ支援者で、非母語話者である自分は通訳という副次的な役割なのかという不満を抱いていた。このような状況の中、留学生は日本語支援者とどのように連携をしていけばいいのか、協働支援の進め方についての不安もあった。

　そこで、国語の母語教材を作成する上で、日本の文化的背景が分からないこと、子どもの支援の経験がないことから子どもとの接し方についての不安を具体的に取り上げて、日本語支援者に相談を持ちかけた。そして、日本語支援者との話し合いのもと、問題を解決し、互いの信頼を深めていった。その結果、留学生は、支援は母語支援、日本語支援という二つの学習場面に分かれてはいるが、決して分業ではないという意識を持つようになった。このような関係性を構築し、留学生は《探索的母語支援の実践》を主体的に進めることができた。

　この状況を可能にしているのは、日本語支援者との対等な関係性が保たれたことだと言える。この対等な関係性が築けたことにより、留学生が有する認知・情意・社会・文化能力と一体化された既有能力が発揮された。その結果、留学生の言語生態環境も保全されたと言えよう。

4.5　まとめ

　留学生支援者を対象に、研究課題である「母語を活用した教科学習支援を行った留学生支援者は教科学習支援を通してどのように当事者性を獲得したか」を明らかにした。この研究課題を明らかにするために、教科学習支援に関するインタビューを行い、データを M-GTA を用いて質的に分析した。

　その結果、留学生は母語を活用した支援を行うこと、日本語支援者との連携がわからないこと、自分の役割についての不安を覚える。支援を始めると、支援現場で、子どもの言語生態がどれくらい機能しているのかを探っていった。国語の学習に母語・母文化背景を活かしながら、オリジナル母語教材作

成を作成していった。その際、日本語支援者と連携し、子どもの目線になることなどをしながら、《探索的な母語支援の実践》を試み、子どもの言語生態環境の保全を図っていった。

このような支援実践を通して、支援者は子どもにとって、二言語使用は負担ではないことや、母語は教科内容の理解を促すということを実感しいく。さらに、母語を活用することで、子どもの意欲や情意面にも働きかけると実感できるようになっていた。支援当初持っていた母語活用に対する不安が、母語活用は日本語学習のプラスになると考え、大きく変容を遂げていく。

また、母語話者としての自分の役割に関しても、学習の主導権を子どもに渡す役割だという認識が生まれた。一方、日本語支援者との関係も協働作業なのだという認識に変容し、支援開始当初の役割についての不安が、母語話者としての役割を見出し、理解できるようになった。

母語使用に対して懐疑的だった母語支援者は、実践を通して、子どもの言語生態環境を保全していけるものだという意識に変わっていった。そして、その支援に十全的に自分が貢献できる当事者だという確信に変わった。そして、この変容を支えているのは、日本語支援者との関係性だと言える。

第5章　留学生支援者による教科学習支援の実態
【研究2】

5.1　はじめに

　研究1では、母語を活用した教科学習支援の実践を行った留学生の意識を基に、留学生の当事者性獲得のプロセスを探った。その結果、母語活用への意識が懐疑的なものから、学習支援に十分に活かされるという確信へと変容を遂げた。つまり、自分自身が子どもと共有している母語を活かすことで子どもの言語生態環境の保全に寄与できる主体的な当事者としての意識が生じたと言える。この当事者性の獲得を支えるものは、《探索的母語支援の実践》（研究1、図4-1）であることが示された。しかし、その実践の様相や、具体的にどのような実践を行ったかは、明らかにされていない。そこで、本章では、支援実践の実態や、母語支援者の役割を具体的に提示し、学校や地域における母語を活用した支援方法の一助となることを目指す。

5.2　研究方法

5.2.1　研究課題

　研究課題2：母語を活用した教科学習支援を行った留学生支援者の当事者
　　　　　　　性獲得を支えた支援はどのようなものであったか。

5.2.2 対象者について

対象者は研究1と同様で、中国語を母語とする留学生の徐、馬、袁の3名である（詳細は表4-1）。第4章でも述べたが、この3名は神奈川県のある公立中学校で取り組まれた国語科の学習支援に母語支援者として参加した。この支援では、同じ2名の中国語が母語の子どもに同じ教科（国語科）を教えていることから、属性や環境の差を要因とする影響は考えにくいと判断したことからこの3名の支援場面を対象とした。

5.2.3 対象となった支援の概要

本研究の対象となった支援は、2005年9月から2006年1月まで、中学校の国際教室の放課後に行われた。教科は国語である。支援は「相互育成学習」に基づいて行われた。

支援の対象となった生徒は以下の2名である（表5-1）。

Aは、来日後7か月が経過、Bは、来日後9か月が経過していた。本支援が開始される前は国際教室の取り出し授業で、学校生活に必要な日本語や、漢字の書き取りなどを中心に行っており、国語の教科学習に取り組んだのは、来日後初めてとのことである。

表5-2は、AとBが学習した教材名である。

支援は、まず、2人の中国人生徒を対象に中国語による支援が行われた。その後、日本人支援者によって日本語での支援が行われた。この際、中国語が母語の留学生も同席している。（図5-1）

表5-1　支援の対象となった生徒のプロフィール

	出身	性別	来日年月	支援当時の学年
A	台湾	女子	2005年2月	中3
B	中国	女子	2004年12月	中3

表5-2　支援教材

教材名	月／日
地雷と聖火	9／2、6、8、20[44]
和歌の世界―万葉集・古今和歌集・新古今和歌集	9／27、10／27
ありがとうと言わない重さ	11／10、17、12／8
猫	12／2、9、15、1／12、19

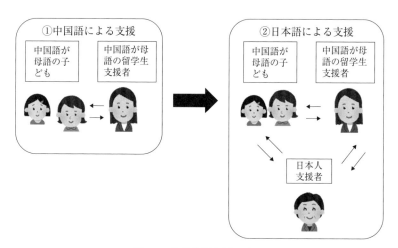

図5-1　教科学習支援の流れ

---

44) この日のみ、中国語が母語の女子が一人飛び入り参加をしているため生徒は3人だった。

5.2.4 分析方法

分析は研究1の結果である「留学生母語支援に対する当事者性獲得のプロセス」から、当事者性獲得の要因となった《探索的母語支援の実践》がどのように支援の場で具現化されているかを明らかにしていく。この《探索的母語支援の実践》は「子どもの母語力を探る」、「国語の学習に母語・母文化背景を活かす」、「オリジナル母語教材作成の工夫」、「日本語支援者と連携する」、「子どもの目線になる」の五つの概念で構成されている。これらの概念を枠組みとして、国語の教科支援における支援者である留学生と子どものやりとりの録音を文字化したデータを基に支援の実態を明らかにしていく。

5.3 結果

ここでは、五つの概念に該当すると考えられる母語による学習場面のやり取りの会話例を挙げて検討する。なお、発話における記号については、「@」は笑い、「#」はよく聞き取れなかったところ、「//」は発話の重なりを表す。「（ ）」は日本語訳を記した。「【 】」は補足説明を、「＿＿線」は考察で取り上げた発話の日本語訳を指す。「A」と「B」は子どもの名前を指す。

5.3.1 概念〔子どもの母語力を探る〕

支援場面1は、中学3年で学習する『地雷と聖火』をめぐる徐と子どもたちのやりとりである。筆者のクリス・ムーンは、対人地雷撤去活動中に右足と右手を失った。しかし、パラリンピックに聖火ランナーとして参加することで、世界中に平和を訴えようとしている。ここでの支援の課題は本文を要約することである。

支援場面1 『地雷と聖火』（2005年9月2日）
母語による学習場面より
01徐：总结段意要用自己的话。一两句话。要是照着说就是读课文了。用自己的话说。(自分の言葉であらすじをまとめます。簡単に。そのまま言うなら、教科書を読むことになります。自分の言葉で言ってください。)
02A：好吧。(分かりました。)
03徐：大声说。(大きな声で言ってくださいね。)
04A：我左肩肩负着圣火的重量跑完了通向奥运会会场的路程。我并没有什么特殊的能力。(聖火の重みを左肩に感じながら、オリンピックスタジアムまでの道をぼくは走っていた。何一つ特別なものなど持たないぼくが。)
05徐：她现在是读课文。我的要求是什么？(今は、教科書を読んでいますね。私の要求は何でしょう。)
06B：让我来。(私に言わせて)
07徐：试试。(やってみてください)
08B：左肩肩负着圣火。(聖火の重みを左肩に感じながら。)
09徐：你客观地说一下。(客観的に言ってください。)
10B：啊。(ああ。)
11徐：客观地说这段的大意，到底是什么意思？(あらすじを客観的に述べることは、いったいどういうことでしょうか。)
12B：克里斯穆左肩肩负着圣火的重量。(クリス・ムーンの左肩に聖火の重みを感じて。)
13徐：简单地说，谁在干什么了？(簡単に言えば、だれが何をしましたか？)
14A：左肩肩负着圣火的重量。(聖火の重みを左肩に感じながら。)
15徐：也可以说拿着火炬。他干什么呢？(トーチを持っているとも言えますね。彼は何をしていますか)
16A：跑完了通向奥运会会场的路程。(オリンピックスタジアムまでの道を走った。)
17徐：你有没有补充？(何か補足はありますか？)
18B：就这句。(この文です。)
19徐：还有没有？(もうありませんか。)
20B：没了。(ありません。)
21A：克里斯穆没有什么特殊的能力，却作为一名圣火运动员被邀请参加长野冬季奥运会。他自己也没想到。(クリス・ムーンは特別な能力を持っていません。聖火

ランナーとして冬季オリンピック長野大会に招かれました。彼自身も全く予想外です。)
22徐：很好。这就是客观地说了。你总结第二段吧。(いいですね。今回は客観的に述べました。)

　徐は前回授業の復習として、教材文の母語訳文を段落ごとに要約をさせている。徐が「簡単に自分の言葉でまとめるように」(01)という指示を出している。Aが要約ではなく、単に教材文を読むだけ(04)なのに対して、徐は「私の要求は何か？」(05)と確認している。そのやりとりを聞いていたBが「私に言わせて」と要約を試みる(06)。しかし、Aと同様に本文冒頭を抜き出して述べるにとどまる(08)。そこで徐が「あらすじを客観的に述べることはどういうことか」(11)と再度明確化を要求している。子どもたちも要約をしようと試みているが、うまく言えない様子をみて、徐は「簡単に言えば、だれが何をしたか」(13)と、具体的に内容を問う質問を出している。子どもがどの程度できるかを見極めた上で、課題の認知的レベルを抽象化する作業である要約から、具体的な内容を問う質問にし、質問の調整をしているのがわかる。徐は要約をさせたあとで、さらに「補足」(17)を要求している。これに対して、Aは補足説明し(21)、それに対し、徐は「いいですね。今回は客観的にまとめました」(22)と述べている。Aはこの発言で要約という課題を達成していることがわかる。このように、徐は要約を達成させるために、課題の要求のレベルを変えながら、子どもの母語力を探り、最終的には要約という課題を達成させている。

5.3.2　概念〔国語の学習に母語・母文化背景を活かす〕

　ここでは、漢字をめぐるやりとりと漢詩をめぐるやりとりの二つを取り上げる。
　まず、漢字をめぐるやりとりについてである。対象となる支援で扱われた

教材は、トーベ・ヤンソンによって書かれた『猫』である。主人公であるソフィアという女の子と彼女が飼っている猫の物語文である。ソフィアが猫に対して愛情を注げば注ぐほど、猫はつれなくなっていく。ソフィアは猫の態度に振り回され、猫に対して複雑な心情を持っていくという内容である。支援場面2はソフィアの中国名をめぐるやりとりである。

支援場面2 『猫』(2005年12月2日)
母語による学習場面より
01袁：嗯，那里面，那第一段说，猫来的时候特别小，然后还只能是用瓶子喝牛奶。后来，其实这有一个地儿，我打得不好，那个索非亚的"非"的话，如果要翻译人名的话，可能还是那个带上草字头的"菲"，芳草菲菲的菲。啊，王菲的菲。（はい。第一段落目では、猫がやってきた時、とても小さくて、やっと哺乳瓶でミルクを飲むようになった。実はここ（の漢字が）がちょっとよくない。索非亜（ソフィアの"非"は人名の場合、「菲」のほうがいい。「芳草菲菲（四文字熟語：花の美しく香しいさま）の「菲」。そうだ、王菲（香港の歌手）の「菲」。）
02B：是这个非吧？（この「非」でしょう。）
03袁：嗯，索非亚的"非"啊？（索非亜（ソフィア）の「非」？）
04A：是，因为……。（そう、というのは…）
05袁：是这个"非"，是吧。（この「非」なの？）
06A：我有一个网友，他女朋友就叫索非亚，他就写的这个"非"。（私のメル友のガールフレンドはソフィアと言います。彼はこの「非」を書いています。）
07袁：哦。这个"非"也对。然后，但是，对，然后，那个"菲"可能也可以。我觉得那个"菲"比较漂亮。（そうね。この「非」も正しいけど、その「菲」も大丈夫。その「菲」は字がきれいだと思って。）
08A：啊-！（ああ！）
09袁：芳草菲菲嘛。那个，比较有那个……（芳草菲菲だから、わりとその…。）
10A：女孩儿的。而且……啊-！（女の子の。そして…なるほど。ああ！）

袁は、自らが翻訳した文章を使って支援を行っている。そして支援中に

「実はここ（の漢字が）がちょっとよくない（01）。」とし、「非」を「菲」に訂正している。その理由に、人名に使う漢字である点、さらには、四文字熟語の「芳草菲菲（四文字熟語：花の美しく香しいさま）」を引用している。これに対して、Aは、友人のガールフレンドが、物語の主人公と同名のソフィアを「非」を使用して書いていた例を出して、「非」を使うことの適切性を述べている（06）。Aの経験を受け、袁はどちらの漢字も正しいとしながらも、「「菲」は字がきれいだと思って。」（07）と述べ、再度、四文字熟語「芳草菲菲」を提示している（09）。その結果、Aも「女の子の」（10）と述べ、「菲」の文字が持つ女性らしさに気づいていく。

　この「菲」をめぐるやりとりでは、Aも単純に支援者の意見に従うのではなく、自分の経験から「非」の適切性を述べている。これは、支援者もAも母語や四文字熟語などの母文化背景を共有していることが基になって成立するやりとりである。袁も最初の翻訳では、単純に「非」を使っていたが、生徒とともに支援をする中で、人名などにぴったり合う漢字を模索しているのがわかる。子どもたちは、来日以来、中国語の漢字を学ぶ機会は途絶えている。しかし、支援を通して、子どもは中国語の漢字を学ぶ貴重な機会を得て、その意味などの豊かさを知っていくのである。

　次は、漢詩をめぐるやりとりについてである。

　支援場面3は子どもにとって初めて学習する日本の和歌についてのやり取り場面である。留学生は和歌の導入として、中国の漢詩をとりあげ、その資料に、和歌と漢詩の歴史を対照させた自作の年表を用いている。中国や台湾の子どもにとって、漢詩はまさに母文化であり、母文化背景を共有する留学生との接点も多い。以下は、和歌に関してのやりとりである。

支援場面3　『和歌の世界―万葉集・古今和歌集・新古今和歌集』（2005年9月27日）
母語による学習場面より
01馬：今天咱们学习和歌，你们听过吗？和歌。没听过？咱们看一下和歌是什么东西。
　　　（今日は和歌を勉強します。和歌は聞いたことがありますか。ない？じゃ、和歌はどんなものなのかを一緒に見てみましょう。）
02B：咱们那个叫汉诗对不对？（私たちのあれは、漢詩というものでしょう？）
03馬：对。（そう。）
04A：哦哦哦。（はいはいはい。）
05~09：〈中略〉
10B：五七五七七是什么？老师。（五七五七七って何ですか。先生。）
11馬：这是和歌的形式，就像汉诗的话不是有规定是五个字的还是七个字的嘛。
　　　（これは、和歌の形式です。例えば、漢詩の場合は、五つの字なのか、七つの字なのかは、決まっているのでしょう？）
12B：它这也是？（これも同じ？）
13馬：对，它这个是七个五个七个七个这样的形式。你们在学校学过什么诗吗？中国的汉诗？（そう。これは、七つ、五つ、七つ、七つのような形です。学校で詩とかを勉強したことがありますか。中国の漢詩？）
14B：挺多的@。（結構たくさん勉強しました@。）
15馬：是吗？@像日语叫和歌，是古代人写的。像汉语相对来讲有诗。那你们都学过什么啊？能想起来吗？（そうですか@。日本語の場合は和歌と言います。古代の人が作ったものです。中国のほうなら、漢詩がありますね。どんな漢詩を勉強しましたか。思い出せますか。）
16B：@好多呀。（たくさんありましたよ。）
17馬：都有什么呢？（何があるのですか。）
18A："春眠不觉晓，处处闻啼鸟。夜来风雨声，花落知多少。"（「春暁を覚えず、処処啼鳥を聞く。夜来風雨の声、花落つること知る多少」）
19馬：那个描写的是什么？（それは何を描写したのですか。）
20B：冬天下了雨以后，//啊，@错了，是春天下了雨以后，＃＃＃。
　　　（冬に雨が降った後、//あ、@間違えた。春に雨が降った後です＃＃＃。
21A：　　　　　　　　//《春晓》嘛。是春天吧。（『春暁』だから、春でしょう。）
22馬：描写的是心情还是风景啊？（描写されたのは、心情ですか。それとも風景ですか。）

23A：应该是风景的描写，＃＃＃。（風景だと思います。＃＃＃）
24馬：这首诗的作者是谁来着？（この詩の作者は誰だっけ？）
25B：孟浩然。（孟浩然。）
26馬：其他的还有什么能想起来的么？（他に何か思い出せるものがありますか。）
27B："红豆生南国，春来发几枝？愿君多采拮，此物最相思。"「紅豆南国に生ず、春来たれば、幾枝を発す。願わくば君多く采擷せよ、此の物最も相思はしむ」）
28馬：好厉害@，这首诗叫什么名字啊？（すごいね@、この詩はなんという名前ですか。）
29A：《相思》。（『相思』）。
30馬：表达了什么？（何を表したのですか。）
31A：表达了对别人的思念。(他の人に対する恋しさを表しました。)
【AとBは、この後、暗誦した漢詩を8首にわたり、競いながら、時には助け合いながら発表しあっていった。】

　馬が、和歌について話したところ、即座にBは「私たちのあれは、漢詩というものでしょう？（02）」と漢詩と比較しており、それに対しAも「はい、はい、はい（04）」と理解を示している。これは、二人の子どもは来日直後の中学3年生であることから、漢詩が既習知識であることを意味している。漢詩と和歌は、定型詩である点、短詩である点、古典である点で共通していることからも導入しやすいと思われる。その後、Bが、和歌の形式について質問している（10）。その内容から、和歌については具体的な既有知識がないことがわかる。これを受けて馬は漢詩と比較しながら和歌の形式の導入を行っている（11）。中国の漢詩の学習歴を質問したところ（13）、Bが「たくさんありましたよ。（16）」と答え、暗誦している詩を紹介し始めた。馬は単なる紹介に終わらせることはせずに、一歩進んで「描写されたのは、心情ですか。それとも風景ですか。（22）」と質問している。同様に27でBが述べた漢詩に対して、馬が「何を表したのですか。（30）」と質問したところ、Aが「他の人に対する恋しさを表しました。（31）」と詩の解釈を述べている。

馬が子どもの既有知識を存分に引き出したことで、子どもの言語生態環境は良好なものとなり、学習への参加意欲が増していることが窺われる。

5.3.3　概念〔オリジナル母語教材作成の工夫〕

次に実際の支援場面4をみるが、前述の支援場面2で扱った教材文『和歌の世界―万葉集・古今和歌集・新古今和歌集』の支援の際、留学生は『万葉集』、『古今和歌集』、『新古今和歌集』と、同時期の中国の李白、杜甫、韓愈、白居易を年代順に並べた年表（表5-3）を作成し、それを用いて導入している。それを見た子どもは次のような反応を示した。

表5-3　中日対照表（馬が作成）

年代	日本	中国	
600年			
700年		617为止　隋 618―684　唐 690―705　周 705―907　唐	
800年	759年　万叶集		李白（《黄鹤楼》） 杜甫（《望岳》、《丽人行》、《前出塞》、《后出塞》） 韩愈 白居易（《江南送北客因凭寄徐州兄弟书》、《赋得古原草送别》） 孟浩然（《春晓》《岁暮归南山》）
900年	905年　古今和歌集（平安时代）		
		906―917　梁 923―934　唐 936―946　晋 947――　汉 951―960　周 960―1279宋	
1000年 1100年 1200年	1205年　新古今和歌集（鎌倉時代)	1283――　元 1368―1644　明 1644―1911　清	苏轼 陆游（《关山月》《出塞曲》） 李清照

支援場面4　『和歌の世界―万葉集・古今和歌集・新古今和歌集』（2005年9月27日）
母語による学習場面より
01B：老师这是你自己准备的啊？（先生、これは先生自分で準備したものですか。）
02馬：对啊。@自己准备的。（そう。@自分で準備したもの。）

　母語のみで作成されたオリジナル教材を目の当たりにしたときに子どもたちによくみられる反応である（01）。母語教材が全くないことから、母語支援者は教材を作成する必要性に迫られる。馬は日本の国語科を教えた経験がなく国語科教育法などについても勿論知識もない。年表を作成しながら、和歌についての形式や時代背景を調べてきているのである。このように、馬は自らも教材文の内容を学習しながら理解し、同時に子どもの母文化背景を取り込む工夫をして、教材を作成していることが分かる。

　馬によると、漢詩は中国では小学校の低学年から導入されており、高学年になるにつれ、漢詩の難易度があがっていくという。馬が作成した年表に掲載されている詩人も、中国の中学で学習する詩人を掲載したと述べていた。馬は教材に母語・母文化背景を活かすことはもちろんだが、自らの中国での学習経験も生かし、オリジナルの母語教材を作成している。そして、このオリジナル母語教材によって、支援場面3で行われた支援が可能となると言えるだろう。

5.3.4　概念〔日本語支援者と連携する〕

　留学生は日本語の文章や時代背景など、日本の文化歴史等に特化したものは理解するのが難しい場合がある（宇津木 2009）。以下は、和歌をめぐるやりとりである。なお、この支援では、Dという中国出身の子どもが飛び入りで参加している。

支援場面5 『和歌の世界—万葉集・古今和歌集・新古今和歌集』（2005年9月27日）
母語による学習場面と日本語による学習場面より
JT1は日本語母語支援者

母語による学習場面

01馬：你们能想象出来吗？你们画一下好啦，画一下这首诗描写的富士山是什么样子的。（みんな想像できますか？ちょっと絵に描いてみましょうか。この詩で描写された富士山ってどんな様子なのかを描いてみましょう。）
02B：他是走路经过那个地方还是坐船经过啊？（彼は、歩いてそこを通ったの？それとも、船に乗って通ったの？）
03馬：他没写，就说经过这里，我也不知道。（書いていないね。ここを通ったって言っただけですね。私もよく知らない。）
【馬は日本語支援者（JT1）に質問する】
04馬：書いた人は船でここを通ったんですか？それとも歩いて通ったんですか？
05JT1：どちらだと思いますか？
06D：どこから分かるんですか？
07JT1：じゃ、後（日本語支援）で答えます。

Bは絵を描きながら、筆者が徒歩か船かという手段について質問したところ（02）、馬も「よく知らない」（03）ことから、JT1に日本語で確認している（04）。これを受けたJT1は、続く日本語支援でと答えている（07）。以下は日本語支援場面である。

日本語による学習場面

08JT1：(中略)、さっき船ですか？歩いてますか？っていう質問があったよね。で、これはね、田子の浦ゆってこの「ゆ」は、どこどこを、ある場所を通ってていう意味なんです。
09D：「ゆ」だけ。
10JT1：うん、「ゆ」だけ。
11B：：じゃ、私の家「ゆ」。
12JT1：ええと、私の家「ゆ」って言ったら、ええと、Bさんの家がここにあって【机の上にあるもので指し示しながら】、私がここにいて、Bさんの家の前を通ってってことになる。
13B：ああ、私、家から学校にくるとき、Dちゃん（飛び入り参加の生徒）の家「ゆ」。
14JT1：そうそうそう。

15全員：@@@

　母語支援での課題である助詞「ゆ」をめぐるやりとりである。JT1が「ゆ」は経由を示す助詞であることを説明している（08）。これを受けてBがさっそく「私の家『ゆ』」（11）と例文を作成したが、使い方が違うことから、さらにJT1が、机の上にあるものを使い、現実の場面に近づけながら説明している（12）。Bはその説明に納得し、新たに例文を作成し、理解度を示している（13）。

　母語支援では、和歌の歴史や形式に着目し、和歌の概略を示すなどして、内容の理解を図っている。しかしながら、和歌は留学生にとっても初めて詠むものであり、古典文法の助詞の使い方まで理解することは困難である。ただし、傍らに日本語支援者も同席していることから、日本語支援者に確認できるという安心感があると言える。

　もし、母語支援のみであれば、内容理解を図ることはできても、和歌の細かい文法説明まですることは難しいだろう。他方、日本語支援のみであれば、和歌の概略や内容の説明に終始し、内容の確認はできても、理解までに至ることは難しく、子どもから「通行手段」に至るまでの質問が出るとは限らないだろう。このように、母語支援と日本語支援が協働的な関係となり、何か問題があった場合は支援者同士で解決することが可能だと言える。

5.3.5　概念〔子どもの目線になる〕

　留学生は日本人支援者による日本語の支援にも、子どもと同席している。母語支援で活発に意見交換をしながら内容について深い理解力を示していても、日本語支援では来日歴も浅いこともあり、日本語力は母語力に比べるとまだまだ途上の段階にある。

　以下は、母語による支援を終えてから行った日本語の支援場面である。

支援場面6　『地雷と聖火』（2005年9月6日）
日本語による学習場面より
01JT1：ここに〔何の罪もない人々〕ってあるよね。何の罪もない人々って、最初、言ってくれたんだよね。どんな人々のこと？
02A：何にも知らない。
03JT1：知らない人のこと？
（?）：ちがう。
04JT1：ちがう。罪っていう字はどこにあるかな。……ここだ（教科書の当該個所を指し示す）。
05徐：罪，没有过错的人是什么人？（罪、罪のない人ってどんな人？）
06JT1：罪もない人、どんな人？
07B：普通の人。
08JT1：ん、何々？普通の人。なかなかいいな。それから？罪もない人。〔普通の人〕だけ？
09徐：刚才说的（中文先行学習）（さっき「母語による学習場面で」言ったよね。）
10A：无辜（罪のない。）
11徐：そうそう。中国語の〔无辜〕（罪のない）、中国語でやはり罪がないという。やはり何の関係もない。戦争と関係のない。和战争没有任何关系。（戦争と何の関係もない。）
12JT1：うん。こんなふうに言えばいい。
13徐：どういったらいいでしょう。
14JT1：何にも悪いことをしていない人。
15A・B：ああ。

　JT1からの「罪のない人」(01)の意味について問いかけられ、Aは「何も知らない」(02)、Bは「普通の人」(07)と答え、「罪のない人」が示す意味にたどりつけていない。JT1も、さらに質問を繰り返し(08)明確化の要求を行っている。そのやり取りを聞いていた徐は「母語による学習場面」でのやりとりを喚起させ、中国語で確認している。(09)。これに対してAは「罪

がない」(10)と再び中国語で答えている。これを受けた徐は、子どもたちが「罪がない」という表現の意味を中国語では正確に理解していることを確認できた。そして、中国語での意味は「罪がないという意味で、やはり何の関係もない。戦争と関係のない」(11)と子どもの発言をサポートし、それをJT1に伝えた。JT1も納得している(12)が、「こんなふうに言えばいい」と表現について提案している。そして、JT1は「何も悪いことをしていない人」(14)だと説明したところ、AとBは納得している様子を示している(15)。徐は「日本語による学習」に先がけて行われた「母語による学習」を担当しているため、教材文の内容や子どもの理解状況を熟知している。そこで、留学生は「母語による学習」で行った内容を引き合いに出し、子どもたちに母語での内容の理解を喚起させている。それから、子どもの理解の様子をJT1に伝え、子どもの「意味がわかるが、日本語でどういったらいいかわからない」という声を子どもの代弁者として、JT1に伝えた。徐とJT1の協働で最終的にこの課題がクリアされた。

　来日直後の子どもは日本語力がまだまだ低いため、JT1の日本語による要求に答えることは難しい。そこで、徐が子どもとJT1の間に立ち、子どもの状況を把握し、代弁することで、子どもは自分の発言がJT1に認めてもらえることができるであろう。一方、JT1も子どもの理解の状況把握が可能となる。

5.4　考察

　ここで、課題である「母語を活用した教科学習支援を行った留学生の当事者性の獲得を支えた支援はどのようなものであったか」について考察をしてく。

　留学生は、子どもの母語力や認知力を把握するために、子どもと課題をめぐるやりとりを行っていた。その結果、判明した子どもの母語力や認知力に

合わせた課題を設定していた。

　日本の和歌を学習する場合は、いきなり、和歌について説明するのではなく、和歌との共通項の多い漢詩を取り入れながら、和歌を導入していた。その際、自らが中国で漢詩を学習した経験を生かし、和歌と漢詩を対照させた年表を独自に作成し、子どもの既有知識を呼び覚まし、子どもから発言を引き出していた。一方、日本語の文章や時代背景など、日本の文化歴史等に特化した課題については、日本語支援者とともに解決していた。また留学生は母語による学習支援において、教材文に内容や子どもの教材文を理解し、熟知していたことから、子どもの理解度や状況を捉えることが可能となり、その結果、日本語による学習支援で、日本語支援者への子どもの代弁者となっていることが認められた。このように、留学生は子どもの母語や子どもの母文化背景を活用することで、子どもが母語で培った知識や認知力を十分に引き出し、子どもの言語生態環境の保全を図った。その結果、子どもも日本で新たな日本語や日本文化への知識を獲得することができた。

　留学生による《探索的母語支援の実践》を可能にした要因は、母語専一の場を持ち、そこで、主導権を持って学習支援ができたこと、また、支援パートナーである日本語支援者との対等な関係性が得られたことがあげられるだろう。言い換えると、この二つのことが実現できなければ、《探索的母語支援の実践》の実現は困難で、留学生も、母語を活用した支援や自らの役割についての意識が変容することはなかったのではないだろうか。つまり、留学生が母語を積極的に活用する場が得られたことで、留学生の言語生態環境も保全されその結果、子どもの言語生態環境も保全された。このような環境を構築するためには、日本語支援者との母語活用に対しての共通理解が不可欠であろう。

　国語の各教材文の内容は、文学のみならず、科学、歴史、環境など多岐にわたる。日本の文化歴史に特化した教材の場合、留学生の有する知識は少ない場合が多い。留学生は国語の専門家ではない。このような状況の中で留学

生は手探りで支援活動を行っている。この努力を留学生だけに強いたり、また、支援を丸投げしたりするのではなく、日本語支援者が強力にサポートしていく必要があると言える。

今回対象となった支援のデータは来日後約半年経過している二人の中学3年の生徒である。中学生の教科学習の利点として、岡崎敏雄（2005b）は①母語の学習言語が確立している、②学習というものを成立させた経験や成功経験が確保されている、③学習の持つ社会的価値を知っているという点をあげている。母国で学習に必要なスキーマが形成されているため、スキーマを使って、わからない日本語については推測しながら理解が可能であり、また、教科を学習するということはどういう活動であるか、勉強するということは将来においてどのような意味を持つのかということに関する枠組みも出来上がっているとしている。母語で培ってきた知識を積極的に活性化し、継続していくためにも、このように子どもの言語生態環境の保全は必須で、留学生のような母語・母文化を共有する支援者の参画は意義があると言える。

5.5 まとめ

「相互育成学習」基づいた国語の教科学習支援を行った3人の留学生支援者を対象に、課題である「母語を活用した教科学習支援を行った留学生支援者の当事者性獲得を支えた支援はどのようなものであったか」を明らかにするため、《探索的母語支援の実践》を枠組みとして、支援場面における子どもと支援者のやりとりを質的に分析した。

《探索的母語支援の実践》は、「子どもの母語力を探る」、「国語の学習に母語・母文化背景を活かす」、「オリジナル母語教材作成の工夫」、「日本語支援者と連携する」、「子どもの目線になる」の五つの概念で構成される。分析の結果、それぞれの意識（概念）を持って、実際に支援に実践されていたことがわかった。

この《探索的母語支援の実践》は、子どもの教材内容への理解を促していることから、子どもの言語生態環境の保全に貢献していると考えられる。また、母語支援者も、教材の工夫等をしていることから、母語の言語生態を良好なものとしていると言える。

第6章 子どもの母語ができる日本人支援者の教科学習支援に対する意識【研究3】

　子どもの母語を活用した教科支援のためには、子どもの母語が話せる人材が不可欠である。母語が話せる人材には、その言語の母語話者の他、日本人でその言語に熟達している人も含まれる。本章では、後者の子どもの母語ができる日本人支援者に焦点をあて、母語を活用した支援に対する意識の変容を明らかにし、当事者性の獲得の過程を探る。

6.1　はじめに

　第1章でも述べたように、子どもの学習支援は日本人が日本語で支援する形態が大多数を占めているが、少数ながらいくつかの母語を活用した支援がある。ここでは、日本人が母語を活用した二つの教科学習支援をあげ、日本人支援者が母語や母語支援についてどのような意識を持っていたのかを整理し、その上で課題を提示したい。
　まず、地域の日本人ボランティアと学校の教員が連携した例について述べる。
　(財)横浜市国際交流協会(YOKE)は学習支援の新しい試みとして横浜市内の中学校と連携し「母語を生かした学習支援」事業(横浜市国際交流協会 2003、2004)を実施している。学習支援の方法は、子どもの母語ができるボランティア[45]が中学校で教師とペアになって教科の支援にあたるというものである。この取り組みは第1章でも述べたように多くの成果が報告されて

---

45)　子どもの母語ができるボランティアの中には、子どもと母語を一にする母語話者支援者と子どもの母語ができる日本人支援者が含まれている。

いる。

　本章では、子ども母語ができる日本人支援者の支援後の報告（横浜市国際交流協会 2003、2004）を基に、母語の活用した支援について日本人支援者の意識についてまとめる。

　まず、「母語を生かした学習支援」事業における子どもの母語ができるボランティアのスタンスは、「子どもの指導の主体は先生であり、ボランティアは先生の指導・アドバイスのもと学習支援を行うサポーターとしての位置づけ」（横浜市国際交流協会 2003：19）とされている。こうした基本的なスタンスのもとに実施された支援には、子どもの母語ができる日本人支援者も参加した。その日本人支援者は支援をふり返り、報告書の中で以下のように報告している（下線は筆者による）。

　　「各教科とも先生のおっしゃることの正しい通訳ができるように努力した。果たして適切な表現だったかどうか冷や汗が出たこともある（2003：15）。」

　　「通訳は先生の言うことをそのまま直接通訳するのか、ボランティアの判断により、生徒が理解しているかどうか質問にかえることができるのか。現在の通訳の立場は、そのまま訳すことが必要だと思われる。自分なりに理解して質問してしまうと、もし理解が間違っていたら通訳にならない。もし、通訳者が、質問をするならその教科の深い知識が必要になってくるし、通訳者の通訳技量が問われる部分でもある（2004：13）。」

　　「はじめの説明会でYOKE（横浜市国際交流協会の略称）担当者の『通訳＝先生ではなく、あくまでも補助に徹してください』という言葉を胸に、活動にあたりました（2004：29）。」

　これらの報告から、指導の主体は教師であり、子どもの母語ができる日本人支援者はあくまでも補助であるという認識のもと、子どもの母語ができる日本人支援者は教師の言葉を正確に翻訳するという立場を忠実に守っていた

ことがわかる。

次に支援者の母語についての捉え方についての報告をまとめる。

「母語を生かした子どもの学習支援は、特に「初期受け入れ」時点に効果が多く、ある程度日本語をマスターしてくると、あえて母語を使わず日本語で対応していく方が早く日本社会に順応していくことが言えるかもしれない (2003:18)。」

「これからの課題は生徒が母語に頼らず、いつかは国際教室を巣立ち、自分のクラスに戻って、学習面、生活面共に充実させてクラスの友人たちと学校生活を楽しめるようにすることである。(2003:15)」

これらの報告からは、母語は学習支援の初期段階に必要で、一時的に頼れるものとして捉えているのが窺われる。

次に、日本語と母語を使いながら教科学習を行った平田(2010, 2011a, 2011b)の実践を概観する。

平田(2010, 2011a, 2011b)は、光元(光元・岡本 2006)が提案するリライト教材にヒントを得て、母語リライト教材と易しい日本語リライト教材の2種類を使うダブル・リライト教材を使って取り出し授業を行っている。平田(2010, 2011a, 2011b)によるダブル・リライト教材の定義をまとめると、母語リライト教材は「誰が、何を、どうした」という大枠の部分を取り出して母語に翻訳したものである。一方、日本語リライト教材は、物語の原文の表現をいかしつつ、難しい表現を取り除き、易しい日本語にした教材のことである。母語をリライトする理由として「単に母語に翻訳した教材を使っていては、いつまでも母語に依存してしまう恐れがある」(平田 2010:47)と述べている。支援の対象教科は国語科(一部算数科)で、進め方は初めに「母語リライト教材を読み分からなかった点や疑問に感じた点を確認する。その後、易しい日本語教材をスキャホールディングしながら、読み進める。理解を促進させるため、ワークシートや筆者とのやり取りをしながら、意味や内容の確認をする(平田 2011a:64)」としている。支援の対象者は小学生が中心で

ある。支援の結果、学年相応レベルの読み物を自力で読めるようになり、国語科の授業への積極的に参加できるようになったという（平田 2010）。この支援の支援者についてだが、日本語の支援は筆者である平田が行っている。母語リライト教材の作成は、平田（2010）では、子どもの父親が作成しているが、平田（2011a）と平田（2011b）の作成者は明記されていないため、不明である。

　ダブル・リライト教材は、母語と新たな言語である日本語との間のネットワークを活用しているところから、子どもの既有能力の発展の糸口となると思われる。しかし、平田が対象としている子どもは、来日歴が 1 年未満の子どもが多く、長くても 1 年 7 か月である（2010, 2011a, 2011b）。つまり、支援時は、母語の下で発達・蓄積してきた認知・情意・社会・文化面における既有能力を有していると推測できる。易しい母語でのリライトでは、子どもの母語をはじめとする既有能力の発動は限定的であると推測される。実際に支援を受けたある子どもが母語リライト教材の存在を喜ぶものの、内容が不足していると不満を伝え、日本語教材のように書いてくれなければわからないと言ってきたという（平田 2010）。そこで、ダブル・リライト教材の主旨について説明したところ、子どもは徐々に納得し、最後は、母語リライト教材に頼り切ることはなくなったと述べている。来日歴が浅く、母語が残っている子どもであれば、読み物の世界に母語でアクセスしたいという欲求は至極当然ではないだろうか。

　以上、二つの例を概観してきた。母語が副次的に活用されている支援は「日本語でできるようになることが大事だから、通訳は必要最小限に留める」という考え方に支配され、子どもの母語や母文化背景を活かした学習は困難で、支援者も限定的な参加に留まることを指摘している（岡崎眸 2010）。

　「母語は副次的」というスタンスは、支援者自身が作りだしているのではなく、日本語が第一優先という構造化された環境の社会的規制を支援者が知らず知らずのうちに受け入れているのではないだろうか。

それでは、補助的な参加をしていた支援者が主体的な参加へと、参加の形態が転換したときに、支援者はどのような意識を持つのだろうか。

6.2 研究方法

6.2.1 研究課題

第4章では、子どもの教科学習支援を行った留学生の意識の変容を明らかにした。本章では、同支援を行った子どもの母語（スペイン語）ができる日本人支援者に焦点をあて、支援に対して補助的な参加をしていた支援者がどのように主体的な参加をしていったのか、すなわち、どのように当事者性を獲得していったのか、その獲得の過程を支援に対する意識をもとに明らかにすることを目的とする。この目的を達成するために、以下の研究課題を立てた。

研究課題3：子どもの母語ができる日本人支援者は教科学習支援においてどのように当事者性を獲得したか。

6.2.2 対象者について

対象者は子どもの母語（スペイン語）ができる支援者の渡辺（仮名）である。渡辺はスペイン語が母語の子どもE（中3、メキシコ出身、2004年9月来日）の母語先行学習を担当した。渡辺は、支援当時は60代で、大学の専攻はスペイン語であった。

渡辺が子どもの教科学習支援に関わるようになったのは、2003年からで、それ以前は自宅で約30年ほど塾を開いていた。しかし、少子化の影響もあり、入塾する子どもたちが減少してきたことを契機に、塾を閉じることとなった。このような状況の中、2003年の秋に、先に述べた横浜市国際交流協会（横浜市国際交流協会 2003、2004）から子どもの母語を使った数学の学習支援の依頼

がきた。

渡辺は当時のことを以下のように語っている。

> お話があったときに、それだったらスペイン語を使って数学だったらできるかなと。私は日本語を教えたこと（ないし）、したくもないし、だから、日本語支援はできないって言ったんですけど。(中略)日本語の資格も持ってないし、教えたことがないので、それはできないですけど。(中略)最初はできるかなというかんじで、じゃ、数学だったらできるかなーという。(中略)やってみたいなー、やってみたいなーと思ったし、できるかなーってすごい不安でしたね。

渡辺の学生時代の専門であったスペイン語と、長年塾で教えていた数学の両方を使うことができることもあって、不安を抱えながらも「やってみたいなー」と語っていることから、期待も少なからずあった様子が窺われる。ただし、日本語に関しては、指導の経験がないこと、また、資格がないことを理由に教えられないものと捉えていたようだ。渡辺は2003年から2006年まで上述の学習支援に携わっている。2007年からは当時支援をしていた国際教室担当教員の勧めで「相互育成学習」に基づいた教科学習支援プロジェクトに参加することになった。Eに対しては中１から中３まで学習支援を行っている。Eが中１の時（2005年）には英語と理科、中２の時（2006年）には数学と理科、中３の時（2007年）にはプロジェクト[46]による国語の学習支援で、この支援を2007年の５月から11月まで行った。

プロジェクト参加以前に行っていた教科支援は子どもと日本人教師との間の通訳という役割であった。一方、新たな支援であるプロジェクトではスペイン語による学習の授業者となって、スペイン語を使って子どもに直接支援を行う。つまり、支援における役割が、補助的なものから、自らが主体的に支援を進めるという役割に変わった。このような役割を担って支援に関わることは、渡辺にとって初めての経験である。そのため、大学や学校の国際教

46）プロジェクトの詳細については第４章を参照されたい。

室担当教員との間で教材や情報を共有する必要があった。そこで、渡辺は、子どもの情報交換や、支援記録の共有を図るために、メーリングリストに参加した。また、翻訳資料やワークシートの共有も図った。具体的には、中国人留学生が作成した中国語によるワークシートを共有し、それを基にスペイン語版を渡辺が作成した。

2007年の学習支援は2006年と違い多言語による支援であった。進め方は、まず、母語による学習では、中国語、スペイン語別に支援を行った。続く日本語による学習では、母語別にそれぞれ支援を受けていた子どもたちが集まり、国際教室担当教員が日本語支援を行った。

6.2.3 分析方法

まず、渡辺を分析の対象とした理由について述べる。
①生態学的支援システムの保全においては当事者の参画を必須としている。渡辺は、日本語母語話者ではあるが、子どもの母語に精通していることから、子どもの母語で培った年齢相応の「認知・情意・社会・文化能力と一体化した既有能力」を引き出すことが可能だと考えられる。
②子どもの母語を活用した教科学習支援においては、通訳という補助的な役割を担うことが多い。渡辺自身も、プロジェクト参加以前の学習支援では、同様の役割を担ってきていた。本研究の対象となったプロジェクトの教科学習支援では、渡辺は通訳が中心の副次的な役割から、主体的な授業者としての役割を担い、役割に変化が生じた。このような役割の変化において、渡辺がこだわる「パースペクティブ」や「価値観」[47]において変容があるかどうかを明らかにする必要性がある。

以上の二つの理由から渡辺を本研究の分析対象とした。
次に、分析方法についてだが、母語を活用した教科学習支援についての意

---

47) 三輪（2009）によると、「パースペクティブ」はものの見方や方向性、「価値観」はその人が受け入れている社会的原理としている。詳細は3.6を参照されたい。

識を探るために半構造化インタビューを実施した。インタビュー項目は①日本語を母語としない子どもに対する学習支援経験に関すること、②教科学習支援に関すること、③母語使用に関すること、④「相互育成学習」に関すること」、⑤支援を担当した子どもに関すること、⑥支援準備や感想について、⑦今後の支援に対する期待や不安についてである。

具体的な内容を以下に示す。留学生支援者へのインタビューと同様に①から⑦の項目を中心に質問し、「・」にある項目は必要に応じて補助的に質問した。

①「日本語を母語としない子ども」に対する支援経験について、お尋ねします。
  ・初めて支援をしたのはいつですか。なぜ「日本語を母語としない子ども」に支援をしようと思いましたか。
  ・初めての支援は、どんな子どもに対して、どんな形態・方法での支援でしたか。
  ・初めて「日本語を母語としない子ども」に支援をした時、どう思いましたか。（支援をする前と、実際に支援をしてみた後と、何か違ったことはありましたか。）
  ・これまでに、何人のどんな子どもに支援していますか。中でも特に思い出に残っている支援があったら教えてください。
②教科学習を支援することについて、お尋ねします。
  ・これまでに、教科学習の支援をしたことはありますか。
  ・どんな教科を支援したことがありますか。
  ・専門家以外の人が教科学習を支援するということについて、どうお考えですか。（どんなメリット・デメリットがあると思いますか。あなた自身、新しく発見したことや良かったこと、逆にためらったことや困ったことはありましたか／ありますか。）
③母語を使うことについて、お尋ねします。
  ・これまでに、母語を使って支援した経験はありますか。
  ・学習の際、母語を使って支援することについて、どうお考えですか。（どんなメリット・デメリットがあると思いますか。あなた自身、あなた自身、新しく発見したことや良かったこと、逆にためらったことや困ったことはありましたか／ありますか。）
  ・母語話者ではない人が母語を使って支援することについて、どうお考えですか。

第 6 章　子どもの母語ができる日本人支援者の教科学習支援に対する意識【研究 3】

④「相互育成学習」について、お尋ねします。
- 「相互育成学習」は、支援前から知っていましたか。どの程度知っていましたか。
- 実際に「相互育成学習」で使って支援をしたことはありますか。なぜ、「相互育成学習」で支援してみようと思ったのですか。
- 実際に「相互育成学習」で支援してみて、どう思いましたか。（支援前と、実際に支援をしてみた後で、何か違ったことはありましたか。）
- 「相互育成学習」のどんな点がいいとお考えですか。
- 「相互育成学習」のどんな点が悪い（十分ではない／難しい）とお考えですか。

⑤支援を担当した子どもについて、お尋ねします。
- それぞれの子どもの印象を教えてください（性格・学習態度など）。
- 支援の際、どのように子どもと接しようと思いましたか。それはなぜですか。
- 支援当初、子どもの母語（母語力）について、何か気づいたことはありましたか。
- 支援中、母語の保持・伸長を考えましたか。具体的にあなた自身はどのようなことを行いましたか。
- 支援を始めたころと、終わったころでは、子どもの学習に対する態度に変化が見られましたか。具体的な例があったら教えてください。

⑥支援準備や支援の感想について、お尋ねします。
- 支援の準備にどれくらい時間がかかりましたか。
- 準備や実際の支援の際、どんな点を工夫しましたか。
- 支援をしていて、どんな時が嬉しかったですか。
- 支援をしていて、難しいと思った点はどんな点ですか。
- 支援をしていて、こんなシステムやこんな他からの協力があればいいなと思ったことはありますか。（何があれば、よりより支援ができると思いますか。）
- 「学校」で支援をすることは、他でする支援と何か異なりますか。どんな点が異なりますか。（メリット・デメリットがあったら教えてください。）
- 支援を通して、あなた自身変わったと思いますか。どんな点が変わりましたか。
- 支援した子どもに対して、今後どんなことを期待しますか。（母語・日本語・学習・将来など、何でも）
- その他、支援を通した率直な感想がありましたら、教えてください。

⑦これから行う支援について、お尋ねします
- これから行う支援で、あなたはどのように関わりたいと思っていますか。

・これから行う支援に対して、何か不安な点はありますか。
・学校や他の支援者に期待することはありますか。どんなことですか。
・これから支援する子どもに対して、どんなことを期待しますか。

　今回のインタビューは渡辺が2007年より参加したプロジェクトによる学習支援に対する意識だけではなく、2003年から渡辺が行ってきた支援の実践知をふりかえる契機にもなると言える。インタビューは2007年10月に行われ、インタビュー時間は約80分であった。これらの項目を核として、会話の自然な流れに合わせ、質問順番などを柔軟に変更しながら行った。インタビューは了承の上、ＩＣレコーダーに録音し、全て文字化した。文字化された資料を M-GTA を用いて、質的に分析した。その際、語りについての解釈はプロジェクトの大学のメンバーとともに検討した。

6.3　分析結果

6.3.1　結果図

　M-GTA による分析の結果、一つのコアカテゴリーと三つのカテゴリーと13の概念を得た。以下に結果図を示す(図6-1)。次に「子どもの母語ができる日本人支援者の新たな母語支援参加に対する当事者性獲得のプロセス」のストーリーラインを述べる。なお、ストーリーラインでは、コアカテゴリーは《　》、カテゴリーは〈　〉、概念は〔　〕で囲んで示した。なお、インタビューは2007年10月に行われた。

　子どもの母語ができる日本人支援者渡辺は、プロジェクトに参加する前に行っていたこれまでの教科学習支援[48]で〈子どもの抱える困難を知る〉。渡辺は、教科学習支援に関わる前までは、〔子どもの抱える困難を知らない〕

---

48)　渡辺が2003年から2006年まで行ってきた母語を補助的に使用していた教科学習支援。

第6章 子どもの母語ができる日本人支援者の教科学習支援に対する意識【研究3】

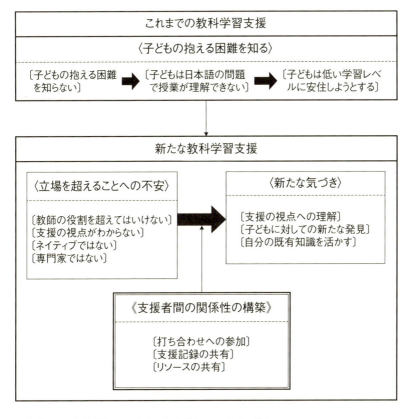

図6-1 子どもの母語ができる日本人支援者の新しい支援参加に対する当事者性獲得のプロセス

状態だった。しかし、実際に教科学習支援の現場に行くと、そこには〔子どもは日本語の問題で授業が理解できない〕状況にあること、授業についていけないまま、結果として意欲的な子どもであっても〔子どもは低い学習レベルに安住しようとする〕傾向が少なからずあることを知る。つまり、渡辺にとってこれまでの教科学習支援は、子どもの状況を知るプロセスであったと言える。そこに、新たな支援形態で行う支援プロジェクト[49]の依頼がきた。

これまでの教科学習支援では、渡辺は子どもと教師の間の通訳を中心に行っていた。一方、新たな教科学習支援は、渡辺が主体的に支援を進めていく形態であった。このような支援形態は初めての経験だったため、渡辺は〈立場を超えることへの不安〉を覚える。これまでの教科学習支援は、補助に徹していたため〔教師の役割を超えてはいけない〕という強い意志があった。新たな教科学習支援では、渡辺は補助的役割から授業者として主体的に支援を進めていく役割への転換を迫られ、〔支援の視点がわからない〕状態になっていた。また、母語先行学習に携わっている支援者は留学生が中心だったことから、渡辺は母語先行学習の担当とはいえ、自分は〔ネイティブではない〕ことにも戸惑いを覚えていた。国語に関しては、指導の経験も資格もないことから〔専門家ではない〕ことへの不安が生じていた。これまでの支援経験とは違う新たな支援参加に伴う〈立場を超えることへの不安〉をいくつも抱えながら参加することになった。

渡辺は、不安を抱えたまま、新たな教科学習支援を行っていたが、ともに支援を行っている他の支援者との〔打ち合わせへの参加〕をし、そこで、顔を合わせてお互いじっくり話をし、支援者間でコミュニケーションを図ることで、お互いの考えを知った。また、子どもの母語ができる支援者はメーリングリストを通して、他の支援者が作成した記録を自由に閲覧することができた。最初は、綿密な記録に気後れしていたものの、読むと支援記録が参考

---

49) 渡辺が2007年から行った「相互育成学習」に基づいて行われた教科学習支援。

になると思うようになってきた。この〔支援記録の共有〕や、他の支援者からの翻訳やワークシートなどの〔リソースの共有〕をしていくうちに、他の支援者との《支援者間の関係性の構築》が生まれた。

《支援者間の関係性の構築》ができたことで、〔支援の視点への理解〕、〔子どもに対しての新たな発見〕という〈新たな気づき〉を得た。〔ネイティブではない〕自分が支援を行うことにも、引け目を感じていたが、自らの経験を子どもに語り、それを聞いた子どもが理解を示している様子を見て、〔（自分の）既有知識を活かす〕ことが支援には必要なのだという実感を得て、支援当初の〈立場を超えることへの不安〉を解消していった。

以上がストーリーラインである。次節では、各カテゴリーについて、それらを構成する概念を説明しながら論じる。また、補助資料として支援記録も参照した。

6.3.2 各カテゴリーについて

ここでは、コアカテゴリーおよびカテゴリーを構成する概念について実際の語りをもとに分析と考察をする。なお、語りにある「@」は笑い、（　）は補足説明、下線は特にキーとなる語りを表す。

6.3.2.1　カテゴリー〈子どもの抱える困難を知る〉

渡辺は、子どもの教科学習支援に携わる前までは、〔子どもの抱える困難を知らない〕状態だった。支援に携わるようになって、実際に支援実践をすることで、〔子どもは日本語の問題で授業が理解できない〕状況にあること、授業についていけないまま、結果として意欲的な子どもであっても〔子どもは低い学習レベルに安住しようとする〕傾向が少なからずあることを知る。以下、カテゴリー〈子どもの抱える困難を知る〉の概念〔子どもの抱える困難を知らない〕、〔子どもは日本語の問題で授業が理解できない〕、〔子どもは低い学習レベルに安住しようとする〕について述べる。

①概念〔子どもの抱える困難を知らない〕

> 語り1
> 支援をするようになって、やっぱり、全然知らなかった、あ、今日本ってこうなんだということが、こんなに外国人がおおぜいて、<u>外国の子どもがこんなにいて、問題を抱えているということは全然知らなかった</u>ですね。ま、ちらりとは聞いたりしていても、実際に知らなかったから、<u>そういう意味で横浜を見る目も変わったというか。日本を知ったというか。</u>

> 語り2
> 渡辺：そう（市で花火を）やめたらどれだけ支援ができるかって話。
> U　：すごい実感だなって。
> 渡辺：ね〜。だから今年もずいぶんあっちこっちで。うち聞こえるんですね。多摩川のところとか。また、やってるとか思って。ホント一つやめればいいのになとか。

　渡辺は2003年より母語を活用した教科学習支援に関わってきている。支援以外にも、国際交流ラウンジの運営に携わったり、国際交流協会で教育相談などを行なったりしてきている。その間に、子どもが置かれている状況を知るようになる。語り1では、支援を通して、子どもの問題を知るようになったことを述べているが、裏を返すと、それは、言語少数派の人々を受け入れる側の日本の課題であることを認識するようになっているのがわかる。語り2は、以前、打ち合わせで渡辺が「花火を一つやめて、その分の予算を子どもの支援にあててほしい」と言ったことに言及した語りである。渡辺は、ユーモアを交えて語ってはいるが、国際交流ラウンジの運営や、教育相談を担当してきたことから、自治体の予算の課題について認識していたと思われる。このように渡辺は子どもの教育を取り巻く環境に問題を見出していることから、当事者性獲得の萌芽が見られる。

②概念〔子どもは日本語の問題で授業が理解できない〕

> 語り3
> (数学の支援をしているある子どもは)本当に簡単な足し算がわかってないんですよ。足し算をするということ(の概念)もわかってないんじゃないかな。で、<u>言葉がよくわかんなくて</u>、今の算数もわからないで、たぶんあのままいくと思うんですね。そしたら、先にいってすごく問題がでてくるだろう。今のところその程度で済んでいますけども、あの簡単な足し算ができないで、今度、掛け算や割り算ができてきた時どうなんだろうと思って。私、言ったんですよ、たくさんの子見られないから、(支援者を)増やしてほしいって言って。たくさんの子見られないから、増やしてほしいって言って。<u>教育委員会を通じて頼んでみるって言ってたんですけども</u>[50]。本当に今ならなんとかなると思う、あの子たち。だけど、あのままあがっていったらね。<u>本当に低学力の子にされちゃうのね。</u>

渡辺は、子どもが〔日本語の問題で授業が理解できない〕ことから、足し算の概念も理解できないまま、次の段階の概念である割り算、掛け算に移行していくことに危惧を抱いている(語り3)。そして、渡辺は支援者の増員を訴えているが、その働きかけの結果は伺い知れない。足し算のレベルであれば、「本当になんとかなると思う」と考え、必死に打開策を考えている様子がわかる。一般的に子どもが授業についていけない場合は、「やる気がない」、「理解力がない」と子ども自身の意欲や能力の欠如として、問題が一面的にとらわれがちだが、渡辺の「本当に低学力の子にされちゃう」という語りからは、問題の所在は、子どもにあるのではなく、自治体の施策を含む子どもの学習環境の悪さがこのような状況を産み出しているとし、子どもを取り巻く環境の背景にある問題を指摘しているのが窺われる。

---

[50] 渡辺がこのことを誰に言ったのかは不明。

③概念〔子どもは低いレベルに安住しようとする〕

> 語り4
> 私はそれすごく残念に思うのは高校に入った子なんですけど、(以前支援をしていた)頭のいい子だったんですよ。最初、来たころは。なかなかいいなと思ったんですけども、やっぱり、言葉ができなくて、授業よくわからない。すると、点数がとれないと、なんとなく自分の場所って決めちゃうんですね。すごい残念で、もうちょっと努力したら点がここまでできるのにって、私は思ってやるんだけど、だけど、彼はもっと(成績)下だよって。なんかね、それは、もう自分の場所を低いところに安住しちゃうというか、それがすごく残念で。

　渡辺は語り3で人員不足など、学習環境が整わないことが子どもの学習不全を生み出すと指摘している。語り4では、来日当初、学習ができる子どもであっても、学年が進むにともなって認知レベルの負担があがると、やはり、日本語の問題で授業についていけず、学習への意欲も失い、〔子どもは低い学習レベルに安住しようとする〕現実を語っている。

　渡辺は学習支援を通して、現状の環境では「本当に低学力の子にされちゃう」(語り3)、ため、子どもは「自分の場所を低いところに安住しちゃう」(語り4)問題を指摘している。

　渡辺はこの状況を「それがすごく残念で」(語り4)と語っている。渡辺は、それを解決して行こうという姿勢が、支援の継続につながり、また、新たな教科学習支援に対してもチャレンジしようという意欲につながっていったのではないだろうか。

6.3.2.2　カテゴリー〈立場を超えることへの不安〉

　渡辺は2003年から、子どもの教科学習支援を行ってきたたが、2007年に転機を迎える。

　新たな教科学習支援のプロジェクトへの参加である。子どもが置かれてい

る学習環境を変えたいと思いつつも、主体的な授業者として参加を期待された新たな教科学習支援においては渡辺自身の〈立場を超えることへの不安〉は募る一方だったようだ。

このカテゴリーは〔教師の役割を超えてはいけない〕、〔支援の視点がわからない〕、〔ネイティブではない〕、〔専門家ではない〕の四つの概念から成り立っている。

①概念〔教師の役割を超えてはいけない〕

> 語り5
> 渡辺：先生の授業の補助に入っている立場なので、やっぱり、先生を超えてはいけないというか、支援も先生の授業を補う立場というのがあって。あのここなんか、すごくなんか見てて、ちょっとはみ出しそうな時があったりして、これはいけないなと思ったりして。
> U　：それは先生を超えそうな時ですか。それは？
> 渡辺：(中略) あの、一番最初の時に聞かれたんです。ほんとに一番最初、面接があって、先生、あの中学校の先生、先生がもしまちがったらあなたはどうしますかって言われた時に、そのやっぱり先生が授業を受け持っていらっしゃる。先生がもし、間違っていたらあとでこうじゃないですかってお話する。それまではだまってますって。やっぱりそうかなって思うんです。授業って。私たちっていうの。そうなんだけど、こうしたほうがもっといいのになと思ったら言ってもいいかなとか思ったりするんですけど。その辺が、ちょっと私たちの立場が微妙かなという。

これまでの教科学習支援での役割は、「先生の授業の補助に入っている立場なので、先生を超えてはいけない」と考え、実際には子どもと教師の通訳という役割が多かった。実際に教科学習の場に臨んだ時、担当の教員の授業の中で、「はみ出しそうな時」、つまり、補助的立場を逸脱しそうな時があったと語っている。渡辺は、塾で数学の指導を30年ほど行っていることもあり、はみ出そうとすることも、無理からぬことだと思われる。はみ出しそうに

なっても、すぐさま、「これはいけないなと思ったりして」、立場をわきまえたことを語っている。国際交流協会では、2003年当時は、「支援者はあくまでも教師の補助」と位置付けられている。渡辺もその役割を遵守しようとしていることが窺われる。その一方で、「こうしたほうがもっといいのになと思ったら言ってもいいかなとか思ったりするんですけど。」と語り、支援に対して積極的に関わっていきたい意志も表明している。このような葛藤を抱え、どっちつかずの立場を「ちょっと私たちの立場が微妙かなという。」と表現している。

②概念〔支援の視点がわからない〕

> 語り6
> やっぱり（大学は）研究テーマとしてやってらっしゃるから、私たちはただその子の支援というのと違う観点をお持ちだから。そういうのはこっちは気がつかないんで。非常に最初はきつかったですね。

　本支援は第3章でも述べたが、研究プロジェクトの一環として行われた支援で、実践だけではなく、研究の側面もある。渡辺は、行政から派遣されてきており、それぞれが求められるものの違いを感じている。渡辺は、「（大学は）違う観点をお持ちだから。こっちは気がつかないんで」と述べ、〔支援の視点がわからない〕状態で、視点の違いや、それらに関わる情報が共有されていないことに不満を抱いているのがわかる（語り7）。

③概念〔ネイティブではない〕

> 語り7
> 私もやっぱりネイティブの方と違うと思うんです。ネイティブの方とやっぱり持っている文化背景なんかが同じで母語で話すのは深まるかなと思うんです。私の場合だったら、やっぱり限りがあるし。

スペイン語の支援と同時に行っている中国語支援の留学生がネイティブで、子どもと文化背景を共有していることから、〔ネイティブではない〕渡辺は支援の深まりの度合いが母語支援者による支援と違うのではないかと危惧している。通訳を中心とした支援であれば、このような不安はそれほど持たなかったかもしれないが、主な授業者となって子どもの内容理解を引き出すためには、子どもの言葉ができるだけではなく、子どもと共有する背景知識が必要だと考えていることが窺われる。

④概念〔専門家ではない〕

> 語り8
> 渡辺：ま、数学の場合はある程度その国語と違って言葉の授業ではないので、ある程度それでできたかもしれませんね。文字あの、数字とかアルファベットとかね。
> U　　：国語だと、
> 渡辺：ちょっと違うかもしれませんね。やっぱりね。

> 語り9
> 国語だったら通り一遍のことしかわからないでしょう。私なんて。(中略) 例えば、『万葉集』、自分で持っている本を読んでみるとか、そういうことはしますけど、やっぱり、うん、(支援をすることは) つらいですね。(中略) もちろん、自分がもう一回授業受けているようで。おもしろいですよ。

　2003年に支援依頼が来たとき、数学であればできると思った。その理由として、数学は記号が中心で言葉の授業ではないことをあげている（語り8）。語り9では、国語の特性について語っている。
　国語を支援する際に、「本を読む」、つまり予習はするが、〔専門家ではない〕ことにある種、罪悪感を持っているようで「つらい」と述べている。その一方で、自分がもう一回授業を受けているようで、おもしろいという、相

反する感情を持ちながらも、教科支援への関心を表明している（語り9）。

これまで述べてきたように、渡辺は新たな教科学習支援をする際に補助的な立場から主体的な立場へと、立場を転換させることに大きな不安を抱えてきた。その不安を解消していったのは何だったのだろうか。

6.3.2.3　コアカテゴリー《支援者間の関係性の構築》

ここでは、コアカテゴリーを構成する三つの概念〔打ち合わせへの参加〕、〔支援記録の共有〕、〔リソースの共有〕について述べる。

①概念〔打ち合わせへの参加〕

> 語り10
> （大学のみなさんは）すごくていねいに準備してらっしゃるし、終わったあと、とても記録も綿密に書いて、ああ、そんなふうにやるんだと思って。そこまでこう自分のほうでは準備ができていなかったの、最初はすごく困ったんですよね。いつかK先生（大学の日本語母支援者）と4人、袁さん（中国人留学生、本研究の対象者の一人）だけ、4人（筆者も含む）でお食事して、あの時だいぶお話して、結局ある程度やってらっしゃることもそうだけど、人間関係というか、知り合いになることが大事だなと思ったんですけど、あの時からだいぶ楽になったんですよ。

渡辺は支援者間が共有するメーリングリストに参加しており、自由に支援記録を読むことができ、支援方法についても概ね理解はできていたが、支援者間の情報交換はWEB上のやりとりに終始していたこともあり、支援準備などに不安を持っていた。そこで、実際に支援者が顔合わせて双方向でのやりとりをし、対話を通して《支援者間の関係性の構築》ができたことに「だいぶ楽になった」と述べている。

##②概念〔支援記録の共有〕

> 語り11
> みなさんがとっても綿密な記録をつけて、あの、感想とかね、報告してらっしゃる。うーん、自分としてはそこまでやってなかったし、だいたい授業が終わったら終わりってかんじでしたからね。あの、<u>それはでもすごい参考になりました</u>。

　渡辺が本支援以前に行ってきた支援は記録をつける習慣はなかったようである。他の支援者が書いたその日の支援記録は、メーリングリストにアップされ、支援者間で情報が共有できるようになっている。支援記録は母語による子どもとのやりとりや、支援の感想やふり返りが支援者によって書かれたものである[51]。また、日本語支援者から母語支援者への質問や、観察者からの質問などもあり、追加で自由に書き込むことができる。渡辺はこのような〔支援記録の共有〕が参考になると述べているものと思われる（語り11）。

##③概念〔リソースの共有〕

> 語り12
> 今すごく助かっているのは<u>（教材文をスペイン語）訳していただいているので、助かっているんです</u>。やっぱり、自分で訳すとか（大変なので）。

　本支援では、教材文全文を母語訳したものを作成し、それをもとに母語支援を行っている。中国語による支援では留学生が翻訳しているが、渡辺のように日本語が母語の支援者の場合は、日本語からスペイン語への翻訳に負担がかかることが懸念され、地域在住のスペイン語が母語の人に翻訳を依頼している。渡辺は負担が軽減され「助かっている」と述べている。本支援では、翻訳文のみならず、中国語版のワークシートも共有しており、渡辺はこれを参考に、スペイン語版のワークシートを作成している。このように、新たな

---
51)　その他に支援後に行われたミーティングの議事録も記されている。

教科学習支援に渡辺のような新しい支援者が参加する場合、〔リソースの共有〕などの支援サポートが必須であると言える。

〈立場を超えることへの不安〉を抱えていた渡辺が、《支援者間の関係性の構築》を図ることで、どのような意識が形成されていったのだろうか。

6.3.2.4 カテゴリー〈新たな気づき〉

ここでは、〈新たな気づき〉を構成する概念〔支援の視点への理解〕、〔子どもに対しての新たな発見〕、〔自分の既有知識を活かす〕について述べる。

①概念〔支援の視点への理解〕

> 語り13
> (支援記録を見て) <u>ああ、こういうポイントで見てらっしゃるということがわかって</u>(中略)。あ、そうかこういうふうにするんだなと思って、それで、私もちょっと自分でうちに帰って記録をその日の簡単な記録をつけるようにしたんですけど。

本支援では、渡辺に支援記録の依頼はしていなかった。その理由として、記録が負担になるのではないという懸念があったからである。しかし、渡辺は自発的に記録をつけるようになっていった。メーリングリストで配信している支援記録を読むことで〔支援の視点への理解〕を獲得していったことがわかる。

以下は、支援記録における日本語支援者と渡辺とのやりとりである。

第6章　子どもの母語ができる日本人支援者の教科学習支援に対する意識【研究3】　149

> 観察者の記録
> ・Eは、渡辺さんの言葉に耳を傾けながら、何か必死に考えている様子。時々頷きながら応答している。隣で中国語のやりとり[52]が展開されていても、全く気をそらすことはない。
> ・このようなEの様子をみていると、中学3年生のレベルの教材文を読んで、それについて考えたり疑問を持ったりしていく経験を積み重ねていること、つまり認知的＆情緒的な発達に働きかけていることは確かだ。Eの理解がすべて日本語で表出できるわけではないが、しかし、今学期のEからは自分の考えや思いを何とか日本語で伝えようという意欲が安定して感じ取れる。
>
> （2007年7月12日の支援記録より）

　このように観察者は、渡辺とEのスペイン語によるやりとりについて記録していた。母語支援はスペイン語の支援だけではなく、中国語を母語とする生徒が中国人留学生と中国語で学習している。つまり、同じ教室で複数の言語別のグループが同時進行で学習しており、一つの教室で多言語が飛び交う状況である。その中でもEは集中して取り組んでいる様子が窺われる。その内容も中学3年という学年相応の認知的レベルが保たれていたと推測される。しかし、実際にどのような内容で支援が行われていたのかは、窺いしれない。

　この支援記録を読んだ渡辺の記録は、これに答えるように加筆されていた。

---

52)　母語支援はスペイン語による支援と中国語による支援が同時に行われている。

> 渡辺の記録
>   一通り音読をし、用意していただいたワークシート（スペイン語版）に沿って質問をしてみると、ほぼ理解できているようだった。日本語の単語や表現の中からいくつか取り出して説明をした。例えば、「戦争中の白いごはんがどんなに貴重だったか」、「ごはんを食べているときに隣の外科病院では、運び込まれた怪我人や死者が大勢いたこと」、「闇ルート」、「河岸のマグロ」などなど。
> E「もう日本では戦争はないの？」
> 私「日本の憲法で、もう永久に戦争をしないと決めているから、ない。でも、それを変えたい人もいる」
> E「ふーん」
> と（Eの）眉が曇った。
>
>   （2007年7月12日の支援記録より）

　日本語支援者から渡辺に対して、支援記録への記載のリクエストがあったわけではないが、渡辺は、日本語支援者の支援記録を読み、それに応えるべく自発的に記した。それまでは、先述の〔支援記録の共有〕にあるように、支援記録にある情報を読むという姿勢だったが、自らも情報を発信していくという積極的な姿勢に変化している。

②概念〔子どもに対しての新たな発見〕

> 語り14
> 私はEが試験範囲の紙を（見せて）、何て書いてあるのって（聞くんですよ）。あなた3年生でしょ、今まで何していたのと、一生懸命書くんですよ、スペイン語で。ここはどこの範囲。（中略）。そうしたらK先生（大学の日本語支援者）が「（E）はそこに気がついたんですよ」とおっしゃったから、そうかそういうふうに見るのかというふうに思ったんですけども。なんでこんなだめなの、じゃなくてそこがいいことなんだというような見方を変えてらっしゃって、あ、すごいなと思ったんですけども。

Eが試験範囲について渡辺に確認している場面である。これまでに何回も試験を受けてきたはずのEが、初めて試験範囲を示したプリントに書かれてあることについて聞いてきたことに、Eを中1から支援している渡辺は「今さら」と思い愕然としている。しかし、裏を返せば初めてEが試験範囲を意識した瞬間でもある。渡辺もKの発言で同じ事象であっても、全く逆の視点があることに気づき、また、その他者の視点を自分のパースペクティブに取り込み、〔子どもに対しての新たな発見〕があったことを述べている。

③概念〔自分の既有知識を活かす〕

ここでは、『ごはん』（向田邦子著）というエッセイの内容をめぐって母語先行学習で交わされたやりとりについて語っている。『ごはん』は戦時中で生きるか死ぬかの時代に食べたごはんにまつわる向田のエピソードを交えながら家族の絆について書かれたものである。

語り15
(Eは) すごくよく話を聞くんですよ。（戦争は）私、実体験ですから、戦争末期から戦争直後で、お米がなくて、さつまいも、お弁当箱の中にさつまいもが3個入っていて。おなかすいていても食べられないんです。（中略）東京なんかも焼け野原になってたくさん死んだのよ。（それを聞いたEは）「うーん」なんて。「日本はまだこれからも戦争するの」とか。いや日本は憲法で戦争しないって宣言しているから、ないんだけど、でも、それを変えたいと言う人もいるのよ。「えー！？」なんて、ちゃんと反応して、(Eは) わかっていた。
（中略）白いご飯がどんなに貴重だったかというのを、わかってもらいたいなってちょっと思ったので。そのころ白いごはんは本当に食べられなかったから。これは非常に貴重なことだから、だから、（教材文の）お父さんもお母さんもごはんを炊いたのはね、どういう意味かわかってもらえると思って、それでそういう話をしたんですけど（中略）。
だからある程度支援も自分の持っているものでやるしかないというか、ネイティブの方ほどことばも達者じゃなければ他で補うとか。それでいいのかな。

渡辺は支援記録に、Ｅの様子について以下のように記している。

> お腹がすいているのにどうしても食べられなかったこと、日本はとても貧しかったのよというと、信じられない様子だった。
>
> （2007年6月29日の支援記録より）

　Ｅはもちろん戦争体験はないので、ごはんが戦時においてどれほど貴重なものであったかを想像するのは難しい。加えて、渡辺の「日本はとても貧しかった」という説明に、驚いた様子を示している。渡辺の語る戦争経験に対して、子どもが「ちゃんと反応して、（Ｅは）わかっていた」（語り15）様子を見て、渡辺は自らの体験を基にした「既有知識を活かす」ことができることを確信したと言える。そして、Ｅは母語を通して、戦時中の日本事情を知ることができた。渡辺はネイティブではないことで母語支援に限界を感じていたが、自らの既有知識や体験を活かし、それが十分に支援で機能できるということを子どもの様子から実感していると言える。

　以上のように、渡辺は、これまでの学習支援（最初の教科学習支援）において、子どもの抱える問題を知ることとなる。そして、その問題は、子どもが要因となっているのではなく、子どもの学習環境が整えられていないこと、つまり、行政側に構造的な問題があることに気づき、強い憤りを覚える。子どもの抱える困難を知らなかった渡辺が、最初の教科学習支援において、構造的な問題を見出していることから、子どもの学校教育における当事者性が芽生えていると推察される。

　しかしながら、渡辺に新たな教科学習支援参加の依頼が来た際、支援方法や支援者としての立場の違いに戸惑いを隠せない状態となる。

　この状況を打開したのは、大学の支援者との関係性の構築である。立場や考え方の違いを埋めたのは、情報の交換、顔を合わせての打ち合わせの参加である。

　このように支援者間との関係性を構築した結果、渡辺の支援に対する意識

は懐疑的なものから肯定的なものへと変容をみせた。渡辺は支援に対して主体性を持って戦争体験などを子どもに伝え、子どもの教科学習支援に関わることができる支援者、つまり、当事者性を獲得していったと言える。

6.4 考察

　ここで、研究課題3「子どもの母語ができる日本人支援者は教科学習支援においてどのように当事者性を獲得したか」について考察していく。
　渡辺が2003年から2007年まで行った支援では、教師と子どもの「通訳者」として、または、教師の間違いに気づいても、その場での訂正もままならない参加形態を望まれていた。つまり、子どもの母語に精通していながらも、その母語支援者としての役割は限定され、周辺化されていたと言える。
　渡辺は支援実践を継続する中で、子どもの抱える困難や実態について知るようになる。それは、人員不足、予算の問題、子どもの言語生態環境の悪さなど、子どもを取り巻く学習環境の構造的な問題を見い出し、新たな状況への転換を図る必要性を覚え、人員の数を増やすように頼むなど、実際に周囲の人々に訴えるようになっていった。この時点で、渡辺は、「社会的に恵まれないかわそうな子ども」という発想からすでに抜け出て、子どもの抱える問題を自らも課題解決に向けて取り組むべきものとして捉えるようになっていたことが窺われる。つまり、問題は子どもにあるのではなく、人員、予算不足という政策に問題があるのだと捉えているのである。換言すると、渡辺はすでに当事者性を獲得の萌芽がみられたと推察される。
　2007年からの新たなプロジェクトへの参加依頼があった時、渡辺はまさに子どもの教育を取り巻く状況の転換を望んでいた時期であったと言える。しかし、新たな支援プロジェクトは、それまで渡辺が行っていた支援参加の方法とは180度違っていた。まず、一番の違いは支援の役割の違いである。渡辺は2003年から2007年までの支援では、「教師の役割を超えてはいけない」

という補助的な立場が望まれていた。しかし、2007年からの新たな支援プロジェクトでは、渡辺自らが支援の主体となることが期待されていた。教科も算数・数学から国語となり、渡辺にとってはすべてが初めてのことである。子どもの母語に精通しているとはいえ、渡辺は子どもの母語話者ではない。また、国語の専門性も持ち合わせていないことから、主体的な支援者となることへの不安を抱えていた。このように「専門家ではない」し、「ネイティブではない」支援者は、主体的な授業者の立場として関わるべきではないという捉え方は、渡辺を取り巻く社会が規定している社会的原理としての価値観であると言えよう。

　新たな支援プロジェクトに主体的な支援者として参加し始めた当初を振り返ったインタビューでは、支援方法や支援の視点の違いから渡辺は「困った」、「つらい」と、正直な心情を吐露している。2003年から2007年までの支援経験で得た「教師の役割を超えてはいけない」という意識は強固なものであった。成人学習論においては、このような経験が豊富な成人の形づくられた意識の前提の一部をとり崩すことは並大抵のことではないとしている（三輪 2009）。渡辺のように人生における経験値があればあるほど、その意識は強かったと推察される。

　それでは、なぜ、渡辺の新たな支援プロジェクトに対する意識が変容したのだろうか。

　渡辺が参加した新たな支援プロジェクトは大学とチームで行っている。渡辺は大学側の支援者は「違う観点を持っている」とし、視点が違うので、理解することが困難であると述べている。しかし、スペイン語が母語の翻訳者からの翻訳教材の提供、支援記録、メーリングリスト、食事会などによる情報交換など人と人との相互交渉を緊密にすることによって、その視点を共有していく。このような新たな視点を得たことで、渡辺の子どもの捉え方にも変化が生じてきたのである。そして、渡辺はこれまでの経験やそこで得た既有知識が貴重なリソースを積極的に活かし、子どもの教材理解に貢献してい

く。平野（2012）は、社会学の領域において「非当事者」が「当事者」との相互交流を通して、「当事者性」を獲得したことを報告している。渡辺も、子どもの教育においては非当事者として弁別されることになる。しかし、子どもを取り巻く社会的環境から、抑圧された子どもの言語生態環境に気づき、その環境を自らが保全したいと意識した時に、新たな当事者性を獲得したと言える。

6.5 まとめ

子どもの母語ができる支援者渡辺を対象に、子どもの母語ができる日本人支援は教科学習支援においてどのように当事者性を獲得したかを明らかにした。この研究課題を明らかにするために、母語支援に関するインタビューを行い、データをM-GTAを用いて質的に分析した。渡辺が最初に行った支援は、補助的な通訳という役割を担っていた。その支援で子どもが日本語力の問題から授業が理解できないなどの子どもの抱える困難を知る。渡辺は、その背景に人員不足、予算の問題、子どもの言語生態環境の悪さなど、子どもを取り巻く学習環境の構造的な問題を発見し、新たな状況への転換を図ろうとしていた。その後、「相互育成学習」に基づいた新たな学習支援プロジェクトに参加するが、そこでの渡辺の役割は、補助的な通訳ではなく、子どもの母語を使って、主体的に授業を行っていくものだった。渡辺は専門家ではないし、ネイティブでもないことから、主体的な支援を担うことを不安に思っていた。しかし、協働支援者との相互交流を通して、役割を理解し、また、自分自身が持っている既有知識を活かすことで、子どもの理解を促進していった。協働支援者との相互交流を経て、立場を超えることへの不安を解消していった。

渡辺は、最初の支援で、子どもの言語生態環境を保全するべく、状況の転換を図ろうとしていた。この課題の意識化が最初の当事者性の獲得の萌芽だ

と思われる。そして、次の新たな学習支援では、協働支援者との相互交流を経て、自らの役割に対しての転換を図っていった。つまり、渡辺は二つのステップを経て、段階的に当事者性を獲得したと言える。

第7章 地域在住の日系南米人支援者の教材翻訳支援に対する意識【研究4】

本章では、教科学習支援において中学国語の教材翻訳を行った地域在住の日系南米人支援者に焦点を当てる。子どもの教育において周辺化されていた支援者らが、教科学習支援に携わることを通して、支援に対してどのように当事者性を獲得していったのか、その獲得形成のプロセスを明らかにするする。まず、次節では、日系南米人のおかれている現状を概観し、その課題を探っていく。

7.1 周辺化された日系南米人

7.1.1 日系南米人の来日の経緯

「ニューカマー」と呼ばれるブラジル人やペルー人等の日系南米人の増加については、1990年の「出入国管理及び難民認定法」の改定以降の急激な増加が着目されているが、実際は、それ以前の1980年代後半から始まっている。当時の日本は景気と内需の拡大に伴い国民の生活水準が上昇する一方で、若者の単純労働離れや労働人口の高齢化等で、建設業、製造業、サービス業での労働力不足が深刻化していた（三田 2011）。他方、当時のブラジルは激しいインフレーションに見舞われ、ブラジル国内の経済は悪化の一途をたどっていた（近藤 2005、小池 2011など）。このような日本とブラジルの経済事情を背景に、日系一世や職種に制限を持たない在留資格を持つ日系二世が就労の目的で来日していた（近藤 2005、小池 2011など）。特に製造業における3K労働を中心とした単純労働者の不足が深刻化し、日本政府は1990年に「出入国

管理及び難民認定法」を改正し、あらたに「定住者」の在留資格を創設し、これにより日系三世の就労も可能となり、一気に日系ブラジル人が増加した（樋口 2005、小池 2011）。このように1990年の入管法の改定は、日本の産業界からの単純労働力を公然と導入したいという要請に対応したものであった。しかしその背景には、そもそも1980年代後半から多くの日系人が就労していたという事実があり、労働に対する長期的な政策や教育や社会保険などの整備があったわけではなかった（小池 2011）。また、日系人の日本への流入が母国の日系人の人口減およびコミュティの弱体化など重大な影響を与えることになるが、「出入国管理及び難民認定法」の改定はこうした影響を配慮して決定されたものでもなく、日本経済の喫緊の必要に迫られて踏み切った安易で、場当たり的なものであった（小池 2011）。

　このような法律改定のもと、日系南米人はどのような雇用形態で就労にあたってきたのだろうか。

7.1.2　日系南米人の雇用環境

　日系南米人の多くは、正社員としての正規雇用ではなく、請負あるいは派遣会社を通しての間接雇用が中心となっている。そのため、日本国内においても、仕事を求めて国内で転居を繰り返さざるをえない状況に陥っており、子どもたちは、親の移動にともない、国内外で移動を繰り返すことになる（山ノ内 2011）。正規雇用であれば保証されている待遇面や労働環境から遠ざけられており、このような周辺化された労働環境ゆえに、移動を繰り返せざるをえない状況が生み出されていくのである。しかし、移動性の高いこのようなライフスタイルは、終身雇用で定住を当たり前としてきた日本人にはなじみがないため、否定的に語られやすいという（山ノ内 2011）。しかし、このことは裏を返せば、日系南米人が置かれている労働環境は日本社会が生み出した労働環境であるという点が抜け落ちて、「移動が多い」という表面的な状況のみが日本社会で認識されていると言える。

そもそも不安定な雇用形態であった上に、2008年のリーマンショックに端を発した経済不況によって、多くの日系南米人が職を失い、帰国を余儀なくされた[53]。この時、厚生労働省（2009）は、「<u>厳しい再就職環境</u>の下、再就職を断念し、帰国を決意した者に対し、同様の在留資格による再度の入国を行わないことを条件に一定額の帰国支援金[54]を支給するという」（下線は筆者による）制度を制定した。この「<u>厳しい再就職環境</u>」について厚生労働省（2009）は以下のように説明している。

> 　現下の社会・経済情勢の下、<u>派遣・請負等の不安定な雇用形態にある外国人労働者の解雇・雇止めが相次ぎ</u>、集住地域のハローワークに多数の方が訪れるなどの動きが見られます。
> 　また、<u>日本語能力の不足</u>や我が国の雇用慣行の不案内に加え、職務経験も十分ではないため、いったん離職した場合には、再就職が極めて厳しい状況にあります。
>
> 　　　　　　　　　　　　　　　　　　　　　　（下線は筆者による）

　非正規であっても再就職できないということは、労働における日系南米人周辺化がますます進んでいると言えるだろう。「日本語能力の不足」が再就職を困難にしていると指摘されているが、この指摘に対しては注意が必要である。「日本語力」は個人の努力の問題だとみなされがちであるが、果たしてそうであろうか。社会が彼らを「日本語力」を向上させることができない環境に追いやっているのではないだろうか。この点を注意深くみてみよう。「日本語能力の不足」のために再就職が困難であるということは、裏を返せば日本語力が十分であれば再就職できる道が開けるということであろう。しかし、日系人のための政府レベルの積極的な日本語力向上のための施策は積

---

[53] 2011年現在のブラジル人の外国人登録者数は230,552人で、ピーク時と比較すると実に約86,000人の減少となっている。
[54] 「日系人離職者に対する帰国支援事業の概要（厚生労働省 2009）」によると、本人1人当たり30万円、扶養家族については1人当たり20万円の支給となっている。http://www.mhlw.go.jp/houdou/2009/03/dl/h0331-10a.pdf

極的には行われてこなかった。日本語力がネックであることが分かっているのにも関わらず、政府は施策を怠ってきたのである。つまり、日系人は労働環境を改善するためのネックである「日本語力を向上させるための手立て」からも遠ざけられているのである。日本におけるバブル経済を背景とした労働力不足を補うべく、法律を改正してまで日系南米人を呼び寄せてから約20年経過したわけだが、その間、「日本語力の向上」やそれを実現させるための時間や金銭面の確保などもされてこなかったことが上述の説明から窺われる。

以上のように、日系人が労働面において周辺化されている実情の一端をみてきた。彼らの労働環境の厳しさは、ともすると、個人の努力の問題に帰されがちであるが、社会環境の未整備こそまず糾弾されるべきであり、問題を個人の努力に帰するのは誤りである。

バブル経済が生み出した未曾有の好景気を背景に、多くの日系南米人が就労のため来日したが、景気の低迷が始まると、大半の日系南米人が派遣・請負という不安定な雇用形態や言語的ハンディを負わされたまま離職、さらには帰国を余儀なくされている。この状況は、安価で簡単に切ることができるフレキシブルな労働力（丹野 2008）とみなされている日系南米人が、日本経済の浮き沈みに翻弄されていることを如実に物語っている。

7.1.3　子どもたちをめぐる周辺化の多重構造

当然ながら、この大人たちの周辺化された労働環境は、子どもたちの教育環境にも多大な影響を与えてきた。

まず、学校の環境を概観すると、ブラジル人の子どもの場合、日本の公立学校へ行くかブラジル人学校へ行くか大きく二つの選択肢がある。日本の公立学校を選び、そこで日本語のみの使用を前提とする学校生活と学習が行われた場合、ことばと文化習慣の問題から、学習や学校生活に十分に参加できず、その結果、いわゆる不登校となってしまう子どもを生み出してしまう。

このような状況に陥ると教育そのものから周辺化されることになる。
　一方、ブラジル人学校を選んだとしても周辺化から免れることは難しい。ブラジル人学校はそもそも正規の学校ではないことから、金銭面を含む日本政府の援助を受けられない。つまりブラジル人学校は教育的政においても周辺化されているのである。それでもブラジル人学校に通い続けることができれば、何らかの学ぶ場に身を置くことができるという意味で、教育にアクセスできることになる。しかし、ブラジル人学校は、日本政府からの援助がないため、保護者からの学費が運営を支えており、その学費[55]は決して少額とはいえない。ひとたび保護者に高額の学費を払い続けることができなくなる事情が生まれれば、子どもは教育の場からはじき出されてしまう。これまで述べてきたように、保護者は失業の不安を常に抱えている。保護者が職を失うと、学費を払えず、その結果、子どもがブラジル人学校をやめるという負の連鎖が起こり得る。不登校となってしまったら、上述のように教育そのものから周辺化してしまうことになる。
　そこで日本の公立学校へ子どもを行かせようとしても、そちらはそちらで先に述べたような周辺化に甘んじる懸念がある。
　日系の子どもたちは以上のように、教育そのものからと、そして、教育制度からと、多層的に周辺に追いやられる危険を抱えているのである。
　それでは、子どもはどのような就学状況になっているのか、具体的にみてみよう。まず、ブラジル人学校に通っていた子ども1718人を対象にした子どもの移動状況の調査（文部科学省 2009）によると、経済不況以降の2008年12月1日から2009年2月2日の二か月の間で、本国に帰国が42％、公立学校へ転入が9.3％、他のブラジル人学校等へ転校が3.1％、自宅・不就学が34.5％、

---

[55] 吉田（2008）によると、大多数の学校の法的位置づけは私塾、あるいは有限会社といったものとしている。授業料は、各学校によって異なるが月額25,000円から40,000円が相場とされ、このほかに教材費、送迎代（通学定期券が購入できないため、多くの学校はマイクロバスで送迎を行っている）、昼食代等がかかるという。

不明が10.8％となっている。ここで、注目すべきは、自宅・不就学の子どもが全体の34.8％を占めているということである。学齢期にも関わらず、それまでの学習環境が失われ、継続的な認知発達が中断される子どもたちも少なからずいることが推測される。

　しかしながら、このような子どもの不就学の問題は、リーマンショックによる経済不況以降から始まったわけではない。文部科学省（2006）はいわゆるニューカマーが集住する12の自治体[56]を対象に「外国人の子どもの不就学実態調査」を行っている。これらの自治体の外国人登録者のうち就学年齢（小・中学校）の者9889名を対象に行った調査によると、112名（1.1％）が不就学であったという。さらに、転居・出国その他何等かの事情により連絡が取れなかった者、つまり、就学しているかどうかすら把握できなかった者に関しては1732名で全体の17.5％を占めている。この二つを合わせると全体の約2割の者が、学校に行っていないことになる。もちろん、外国人登録[57]をしていない子どもは数字には含まれていないことから、潜在的な不就学児童生徒の数はさらに多くなることが推察される。第1章でも述べた通り、日本は子どもの権利条約を締結してはいるが、外国籍の子どもに義務教育は適用されていない。換言すると、外国籍の子どもに対しては学ぶ権利が保障されず、その結果、不就学に陥ることが看過されていると言える。不就学の理由として「学校へ行くためのお金がないから」が15.6％、「日本語がわからないから」が12.6％、「すぐに母国に帰るから」が10.4％、「母国の学校と生活や習慣が違うから」が8.9％、「勉強がわからないから」が8.1％となっている。また、「日中何をしてすごしているか」という質問に対しては「家で特に何も

56）　南米出身のいわゆる「ニューカマー」が集住する12の自治体。内訳は太田市、飯田市、美濃加茂市、掛川市、富士市、豊田市、岡崎市、四日市市、滋賀県、豊中市、神戸市、姫路市である。
57）　文部科学省の2006年の調査時は「外国人登録制度」があったが、2012年に廃止され、新たな在留管理制度が導入された。法務省 http：//www.immi-moj.go.jp/newimmiact_1/point_3-4.html〈2016年4月25日〉

していない」が36.5％、「仕事・アルバイトをしている」が20.2％、「兄弟姉妹の世話をしている」が13.5％と続いている。不就学の理由の上位にある「学校へいくためのお金がないから」、「日本語がわからないから」は、先述の親世代の「厳しい再就職環境」（文部科学省 2008）と密接に関わりがあることがわかる。

7.1.4　保護者と学校との関わり

このように、子どもが不登校・不就学となる背景にあるものとして、親の就労環境が整備されていない点があげられる。先にも述べた通り、雇用は間接雇用が中心で、経済の動向に大きく左右されている。また、日本語力をつけるための施策も具体化されていない。このような環境では、親の教育参加もままならない。竹ノ下（2005）は外国籍の子どもは就学義務がないため、学校が子どもの教育権の保障について保護者と模索し慎重に対応しようとする配慮に欠けることがあるという。その結果、退学届や除籍といった手続きが日本人の子どもの不登校ほどには吟味されずに比較的容易に進められる傾向があるとしている。学校と家庭における情報交換や連携は日本語で行われる場合が多く、親は日本語が流暢ではない限り子どもの教育に関与することが難しい（竹ノ下 2005）。加えて、目先の就労等に追われ子弟の教育にまで関心が行き届かない保護者が存在するという指摘もある（中部経済連合会 2006：10）。

このような、日系人の保護者が日本語の習得および子どもの教育に熱心ではないという日本社会からの指摘が見られるが、この点について注意深く考えてみたい。

まず、西田ら（2011）が静岡県の公立小学校4校に在籍しているブラジル人の子どもの保護者72名とブラジル人学校3校に在籍しているブラジル人の子どもの保護者156名を対象に行った調査によると、「子どもに期待する最終学歴」という問いに対して、前者は、62.5％が「日本の大学・大学院への進

学」と回答し、後者は57.1％が「ブラジルの大学・大学院への進学」と回答しており、親の子どもの教育への期待が窺える。この調査から分かるように、保護者は子どもの高等教育機関への進学を希望している。では、なぜ教育に対して不熱心だ、関心がないと周囲に思われてしまうのだろうか。

　これまで述べてきたように親は周辺化された労働環境に追いやられているため、移動を繰り返す、学費を払い続けることができない、長時間労働のため家で子どもの勉強をサポートする時間がないなどの悪循環に陥る。

　また、日本の学校に通わせた場合、ことばの問題も大きい。小田（2010）は、日本の公立学校に子どもを通わせたブラジル人の保護者へインタビューをし、親子間の葛藤を明らかにしている。まず、母親は日本語優先の社会の中で、日本語や子どもの学習を取り巻く状況についてもわからず、親でありながらアドバイスもできず子どもの教育に全然参加できなかったと述べている（小田 2010）。一方、子どもは、親にアドバイスももらえないことから、「自分は母親と父親にいじめられ、見捨てられ、心配もされない存在」（小田 2010）と捉えていた。この母親はインタビューで、子どもが小学生当時のことを、「全然言葉分からなかったからね、〈略〉何も（でき）ない、だから（子どもは小学校に）一人で行ったよ、私何もアドバイスできなかった、読めない、何も分かんないもん」と悔しそうに語ったという。

　このように、子どもの教育に参加したいと親が考えたとしても、日本語のみによる学習では何もしてやれないであろうし、学校からの諸連絡に対応することができないうちに、知らず知らずのうちに子どもの心が深く傷ついてしまうこともあろう。しかし、先に述べたように、彼らの日本語力の不足は彼ら自身に問題が起因するのではない。

　これまで述べてきたように、親の周辺化された労働環境は、子どもの教育環境をも脅かしていく。また、日本語向上に向けての具体的な政府レベルの施策もなく、ことばの面からも周辺化されている。この状況を樋口（2011：303）は「『ブラジル人問題』は『マイノリティの問題』ではなく、マイノリ

ティが集中的に背負わされている日本社会全体の問題」としている。そしてこの問題は言語少数派の人びとが所属している集団内や親子間で継承され、再生産された場合、ますます、教育そのものや教育制度から言語少数派の人々は周辺化がされることになるだろう。

この社会的構造を変えるためには、言語少数派の人びとが周辺化されることなく、教育や教育制度に関わることができるシステムの構築が必要となる。

子どもの一貫した認知的発達を支える生態学的支援システムの構築には、子どもの学習支援活動の中で今まで周辺化されていた言語少数派の人びとの参画が必須となる。そこで、本章では、中学国語の教材翻訳を行った地域在住の二人の日系南米人に焦点をあて、翻訳支援を通してどのように当事者性を獲得したかを、支援実践に対する意識変容のプロセスから探る。この二人の当事者性獲得のプロセスを可視化し、生態学的支援システムの構築の示唆を得たい。

7.2 研究方法

7.2.1 研究課題

研究課題4：日系南米人支援者は教材翻訳支援においてどのように当事者性を獲得したか。

7.2.2 対象者について

対象者は地域在住の日系ペルー人1名と日系ブラジル人1名である。以下に対象者のプロフィールを示す。

アナ（仮名）もガブリエラ（仮名）もともに日系三世である。

日系ペルー人であるアナは、2000年に来日した。2007年10月の調査時点で、来日7年目である。日系ではあるが来日前に知っていた日本語は「おはよう

表7-1　プロフィール

名前 (仮名)	年齢 性別	国	来日年 調査時の来日歴	日本語学習歴	使用言語 (下線は母語)
アナ	30代女性	ペルー (日系)	2000年 7年目	1年6か月（日本語学校） 日本語能力検定試験2級 合格	スペイン語・ ポルトガル語・ 英語・日本語
ガブリエラ	20代女性	ブラジル (日系)	1995年 12年目	3年（公民館・教会） 日本語能力検定試験3級 レベル	ポルトガル語・ スペイン語・ 日本語

ございます」と「お金がない」だけだったとアナは語っている。ペルーでは高校を卒業後、旅行の専門学校に進み、卒業後、旅行会社に勤務していた。アナの来日目的は就労で、来日当初は自動車製造業に勤務し、その後、電機製品を製造する工場に勤務した。この工場の中国移転に伴いリストラされ、他の電機製品を製造する工場に勤務することを余儀なくされた。翻訳支援を開始したころは、包装機械などを製造する工場に勤めていた。工場では主に機械のオペレーターや組み立て、検査などの仕事を行っていた。職場についてアナは、

「危険な機械がたくさんあるから、本当は日本語が読めないと（危ない）。でも、日本語読めない人たくさんいる。最初は、（日本語が）よくわからなかった。今回（＝今）は日本語がちょっと読める、読める、なんか、話せるようになったから、あ、これは危ない、これも危ない。前は気が付かなかったけれど、それは（危険な仕事だということに）気が付いた。」

と述べている。この語りからは、当時の職場では働く人が分かる言葉での説明がなく、分かろうが分かるまいが日本語による形式的な説明に終始していたことが推測される。したがって、アナは来日当初は自分が危険な仕事をしているという認識を持つことすらできなかったと言えよう。アナは帰国を考えていたが、日系ブラジル人であるアナの夫が日本定住を望んだことで日

本語の必要性を感じ、また、貯金ができたこともあり、日本語学校に通うようになった。一方で、もし、アナに貯金ができなかったら、日本語学校に通うことはできていただろうか。アナは仕事で得た貯金を基に日本語学校で日本語を学び、その後、日本語能力検定試験2級に合格することができた。第1章でも述べたように、日本では外国人の雇用において、日本語能力試験に合格することが条件として挙げられる場合が多く見られるが、国や会社が日本語習得やそれに関わる時間や金銭的な保障をしなければ、検定試験を受験することはおろか、日本語習得も難しいだろう。日本語学習者にとって、時間や金銭的環境が整わなければ、日本語習得は困難を極め、その結果、ますます、言語や就職において周辺化を余儀なくされていくと推察される。

　アナの母語はスペイン語であるが、ペルー在住時の勤務先である旅行会社で英語も使用していたため、英語が堪能であった。また、配偶者が日系ブラジル人のため、ポルトガル語も理解可能な言語の一つであった。日常的な日本語会話はできるが、漢字の読み書きが難しいと述べており、本支援に関わる筆者とのEメールのやりとりをローマ字で行う場合もあった。

　一方、日系ブラジル人であるガブリエラは一足先に来日して就労していた両親に呼び寄せられる形で1995年に来日した。ガブリエラは来日に伴い、ブラジルの高校を中退している。高校卒業を待たずして来日したことについてガブリエラは「もう少しで、高校を卒業できたけど、勉強よりも家族といるほうが大事だから」と述べており、家族の紐帯を重視していたことがわかる。2007年9月の調査時点で、来日12年目である。来日後、電線を製造する工場に勤務していた。ガブリエラによると、日本への渡航費用などで家族に借金（約200万円）があったため、借金返済のためにも家族が一丸となって働く必要性があったと言う。アナのように18歳未満で家族に伴って来日したとしても、学習を継続する機会も得られず、日本語学習に関しても、ガブリエラと同様に、自己責任で行わなければならない環境であった。このように、学習の継続や日本語学習ができる環境がない場合は、日本語を第一優先とする日

本社会においては、就職のチャンスも狭まる。牧師である日系ブラジル人との結婚により、翻訳支援を行った当時は教会に勤務していた。母語はポルトガル語であるが、ブラジル在住時にスペイン語を学習した経験があるためスペイン語も理解可能な言語の一つであった。来日後、ブラジル人コミュニティに長年いるため、日常的にポルトガル語を使う生活をしている。日本語力については病院や区役所などの施設において日本語で用件を伝えることが可能であった。日本語学習については、公民館のボランティア教室や、教会で学習した。筆者はガブリエラが勤務する教会で初級日本語を教えていた経験を持つ。その際に学習していたのがガブリエラだったことがきっかけで、翻訳支援の依頼をした。依頼した時、ガブリエラは自分の日本語力を心配していたが、サポートしていくことを約束したところ、快く引き受けてくれた。ガブリエラは日本語能力検定試験は未受験であるため、検定試験における日本語レベルは判断できないが、筆者の判断では概ね3級レベルだと思われる。日本語による日常的な会話は問題がないが、本人は問題点として漢字の読み書きをあげていた。Eメールのやりとりも、ローマ字で行う場合が多かった。

　アナもガブリエラも、翻訳支援を行っていた当時は、日本語による会話等はできるが、日本語の読み書きについては高いレベルにはなかったと言える。また日本語の文章は日本語学校や公民館などで学んだ日本語テキストである『みんなの日本語』や『中級から学ぼう』などでしか読んだ経験がなかった。

　アナやガブリエラのように就労目的で来日した人達やその家族の日本語習得に関しては、金銭的にも、また、日本語学習においても、これらを達成するためには個人的な努力のみが追及されているのではないだろうか。アナやガブリエラが自力で日本語力を向上させたことは、この社会が日本語習得を個人の問題に追いやっていることの一例である。個人の問題に帰される限り、彼らを労働者として社会人として、そして親として、子どもの教育において周辺に追いやってしまうという社会の構造を改善することは難しいであろう。

　本研究において、アナとガブリエラを対象とした選定理由は、この二人は、

子どもの教科学習支援において、周辺的な存在であったものが、教材翻訳という実践を通して、子どもの継続的学習の実現という課題の当事者として自己を捉えるようになっていった、即ち当事者性の獲得を成し遂げていったと考えられるからである。したがって、この事例は詳細な検討をするに値すると判断した。

7.2.3 教材翻訳支援の概要

　教科学習支援は、中国語を母語とする子ども、ポルトガル語を母語とする子ども、スペイン語を母語とする子どもを対象としていた。中国語支援は中国語支援者が参加し、スペイン語とポルトガル語支援に関しては、それぞれ日本人でスペイン語とポルトガル語ができる支援者が参加した。翻訳教材については、中国語は、中国語母語支援者が作成した。

　スペイン語とポルトガル語の教材文に関しては、それぞれの言語ができる日本人が作成していたが、ネイティブチェックの必要性があったため、本研究で対象となるアナとガブリエラにそれぞれ依頼をした。アナとガブリエラは日中、仕事があったため、直接、学校で子どもと対面での支援はできず、日本人が翻訳したスペイン語とポルトガル語の教材文のネイティブチェックや翻訳を通して参加する間接的な支援であった。

　アナの翻訳支援は2006年9月から2007年11月までの1年2か月に渡って行われた。支援の対象生徒はこの間、中2から中3へと進級している。2007年12月からは高校受験対策が始まったため、国語の通常の教科書を中心とした学習は終了し、それに伴い、本学習支援も終了した。一方、ガブリエラの翻訳支援は、2006年10月から2007年2月までの5か月に渡って行われた。ポルトガル語を母語とする生徒が中3に進級した時点で、在籍級の授業に十分ついていけるようになったという国際教室担当教員の判断により、学習支援は終了となった。それに伴い、ガブリエラの支援も終了した。

　以下に翻訳支援概要の一覧を示す（表7-2）。

表7-2　アナの教材文翻訳の概要

年・月	教材文名	系列	支援内容
2006・9	父のようになりたくない	読書	・ネイティブチェック（以下NCとする）
2006・9	平家物語	古典	・NC ・スペイン語翻訳版を基に本文をポルトガル語に全文翻訳 ・本文をスペイン語とポルトガル語でテープに吹き込む
2006・11	考えるイルカ	論理	・NC
2007・2	走れメロス（要約文）	文学	・要約文を日本語からスペイン語に翻訳
2007・5	俳句を味わう	言語感覚	・本文と解説文を日本語からスペイン語に全文翻訳
2007・6	ごはん	読書	・本文を日本語からスペイン語に全文翻訳
2007・7	テレビ映像の本質	情報	・NC
2007・9	万葉・古今・新古今	古典	・本文と解説文を日本語からスペイン語に全文翻訳
2007・9	おくのほそ道	古典	・本文と解説文を日本語からスペイン語に全文翻訳
2007・9	漢詩二編	古典	・本文と解説文を日本語からスペイン語に全文翻訳
2007・11	テクノロジーとの付き合い方	論理	・NC
2007・11	テクノロジーと人間性	論理	・本文を日本語からスペイン語に全文翻訳

　教材文は『走れメロス』のみ要約文で、他は本文全文である。『論語』、『俳句を味わう』、『万葉・古今・新古今』、『おくのほそ道』、『漢詩』については教科書では俳句、短歌などのみの掲載だったため筆者が解説文を作成し、アナとガブリエラはその翻訳も行った。
　アナが行った『平家物語』のポルトガル語の音声教材の作成は、アナのブラジル人の夫が行った。アナが家族を巻き込みながら翻訳を進めようとする

表7-3　ガブリエラの教材文翻訳の概要

年・月	教材文名	系列	支援内容
2006・10〜11	平家物語	古典	・ワークシートの問題を日本語からポルトガル語に翻訳
2006・11〜12	考えるイルカ	論理	・本文をスペイン語翻訳版を基にポルトガル語に全文翻訳 ・ワークシートの問題を日本語からポルトガル語に翻訳
2007・2	論語	古典	・本文と解説文を日本語からポルトガル語に全文翻訳
2007・2	走れメロス（要約文）	文学	・要約文を日本語・スペイン語翻訳版を基にポルトガル語に翻訳

ことに、翻訳プロジェクトに対するアナの積極的な姿勢が窺われる。ガブリエラが行った『考えるイルカ』の翻訳は、スペイン語翻訳版を基に翻訳し、『走れメロス（要約文）』の翻訳はスペイン語翻訳版と日本語要約文の二つの言語を基に翻訳した。

　次に、それぞれの支援役割について述べる。途中で担当した支援の内容が変わったので説明する。アナは当初、スペイン語ができる日本人が翻訳したスペイン語のネイティブチェックを行うという役割で参加したが、のちに、日本語の本文をスペイン語に直接翻訳するという役割に変わっていった。一方、ガブリエラは当初、ワークシートの短い問題文を翻訳するという役割だったが、日本語やそのスペイン語版など、ガブリエラの理解可能な言語を基に、教科書の本文をポルトガル語に翻訳する役割に変わっていった。

7.2.4　教材翻訳支援における筆者の役割

　アナとガブリエラの教材翻訳支援における筆者の関わり方にについて述べる。アナとガブリエラは学校での子どもと対面の直接支援ではなく、教材翻訳を通しての間接支援となる。

　筆者は学校側とアナ及びガブリエラの「コーディネーター」としての役割

を担った。ここで、多文化社会のコーディーネーターについて概観し、本研究のコーディーネーターの役割を述べる。

多文化社会におけるコーディネーターを杉澤（2009：20）は、「あらゆる組織において、多様な人々との対話、共感、実践を引き出すため、「参加」→「協働」→「創造」のプロセスをデザインしながら、言語・文化の違いを超えてすべての人が共に生きることのできる社会の実現に向けてプログラムを構築・展開・推進する専門職」と定義している。杉澤の言う専門職とは、「問題を定義づけ、解決してくれる人」（ショーン2007）としている。この多文化社会におけるコーディネーターの役割について杉澤（2009：20）は、「異なる言語・文化を持った人々を対等につなぎ、調整し、新たな人間関係・活動・仕組み・社会を創造すること、つまり多様な人・組織・機関とのネットワークを構築しながら、多くの市民の参加を促し、交流活動を通して相互理解を深めながら協働を促し、協働活動の中から見えてきた現場課題に対して解決のための新たな仕組みや活動を創造する」こととしている。そして、その実践は、マニュアルに頼れない地域ごとに異なる固有の問題状況を分析し、実践課題を設定し、解決に向かうことであると述べている（杉澤 2012）。

山西（2009、2012）は、多文化社会におけるコーディネーターの専門性について、「①人と出会い、関係をつくる」、「②課題を探る」、「③リソースを発見しつなぐ」、「④社会をデザインする」、「⑤プログラムをつくり、参加の場をつくる」をあげている。この専門性について山西（2012）は具体的には、社会構造的に、ことばさらには文化を取り巻く状況に目を向け、多言語・複言語、多文化アプローチの可能性に目を向けることが重要だとしている。

一方で、渡戸（2010）は、山西（2009）のコーディネーター論が一般論としての整理ととどまり、その内実が個々に任されていることを指摘し、自治体の国際交流協会・センターなどの職員を念頭にコーディネーターの有り方を検討している。その結果、活動・事業を通じて多様な当事者のニーズや意見をホスト社会（市民活動団体のリーダー層、教育・福祉・労働などの関係者等）

にむけて調整し、協働して新たなプログラムを企画・実施していく力が求められるという。また、組織内の立ち位置によって、抱える課題に違いがあり、取り組みも自治体によって温度差があることを指摘し、コーディネーターがどれだけ当事者性を有しているかという点も重要だとしている。

　菊池（2015）は、さまざまな立場の人や組織との協働の中で対話し、社会を取り巻く文化的状況を読み解きながら実践する視点が求められるとしている。

　以上をまとめると、多文化社会におけるコーディーネーターとは、交流活動を通して多様な人々の関係性を深めながら、課題解決の新たな仕組みを創造していくことだと言える。ただし、組織によっては取り組み温度差があることも事実で、菊池（2015）の言う実践する力が求められるだろう。

　これらを踏まえ、本研究におけるコーディネーターを、「異なる言語や文化背景を持つ支援者の学校教育への参加を促し、他の支援者との対等な関係性を保つための相互理解を深め、支援の過程で起きた課題に対して解決を図る実践力を持つ人」とする。

　この定義に照らし合わせて、筆者のコーディネーターとして行った実践内容について述べる。翻訳支援者は、当初、日本人が翻訳した国語教材文のネイティブチェックを行う役割を担っていたが、この翻訳に対して、十分なチェックがなされていなかった。なぜなら、日本人の翻訳をチェックすることは、翻訳を批判するようで遠慮して言えないからだと述べていた。つまり、日本人と対等的な関係性を保つという意識を持ち得ていなかっただろうし、また、コーディネーターもそのような環境を作り得ていなかったと言える。そこで、翻訳支援者と話し合い、チェックは、日本人翻訳者のために行っているのではなく、子どものために行っているのだということを再確認し、役割の理解を深めていった。このような議論を繰り返すうちに、日系南米人翻訳者は、どのような疑問であっても、コーディネーターに質問をしてくるようになった。このように筆者は、翻訳者の実質的な参加を促す役割を果たし

た。
　以下に、筆者が具体的に行ったことについて述べる。
①支援で翻訳教材を使用した時の子どもの様子を伝えた。
　具体例の一つとして「子ども（中学3年、メキシコ出身、来日4年目）は『ごはん』の翻訳文を集中して読み、さらには音読していた。また、内容について、母語でのやりとりをし、その後、母語のワークシートを解いたところ、ほぼ、理解していた。（2007年7月12日の支援記録より）」という内容を電話等で伝えた。
②翻訳教材を使用して、直接子どもに支援を行った支援者（研究3で対象となったスペイン語ができる日本人支援者の渡辺）からの感想や、翻訳に対する評価について伝えた。具体例の一つとして渡辺からの「アナさんはよく漢詩の内容を理解なさって適切なスペイン語訳をつけてくださっている」「現代語にするのも難しい『万葉集』のスペイン語訳に驚いた。私もよく読みこんで自分のものにしなければと思う」と言う感想等を伝えた。
③教材文の進度を伝えた。
　両支援者とも子どもとの対面による支援ではなく、間接的な支援だったため、対象である子どものイメージや支援の現場を想定することが難しいと推察された。そこで、以上の3点を伝える必要があると判断した。
　また、日本語面のサポートも必要であった。これまで、両支援者とも中学国語の説明文、文学、古典などを読む経験はなかった。そこで、語彙、表現、文法、背景などを補足する必要性があった。さらに、両支援者とも仕事を持っており多忙なこと、翻訳が急を要す場合が多かったことから、翻訳作業の時間的な効率を考慮する必要性もあった。
　これらの点を考慮し、以下のことを行った。
①教材文の漢字にふりがなをふる。
②日本的な背景知識が必要なものについては写真を添付し、解説を加える

（例：「お月見」「道祖神」「お灸」「大八車」等）。

③『俳句を味わう』『万葉・古今・新古今』『おくの細道』『漢詩』『論語』に関しては、現代語訳、形式についての説明を加える。また、鑑賞に必要と思われる背景などの解説文も加える。

④難解だと思われる表現を言い換える（例：「言い知れぬ」→「ことばで言うことができない」等）。

⑤解説文に極力主語を入れ、動作主を明確にする。

⑦支援者にとって新出と思われる日本語語彙の一部を、支援者が理解可能な言語（ポルトガル語、スペイン語、英語のいずれか）に筆者が辞書で調べて訳す。

⑧電話やインターネットを使ったチャットを利用して、支援者からの質問に答える。

以上、筆者がコーディネーターとして翻訳支援者に行ったことについて述べてきた。ここで、筆者の立場について述べる。筆者は、教科学習支援の実践者でもあり、コーディネーターであり、研究者という立場でもある。

野津（2016）は、実践現場に深く参入して内在的に実践に関与する研究や、あるいは長期にわたり現場の人々と協働して問題解決や現場の変革にまで関わる研究を「現場生成型の研究」と位置付けている。本研究も、筆者が実践者として社会的な現場に入ることによって、その現場の言語環境および子どもの言語の状況について、知ることができると考える。そして、子どもやその周囲の人々とのやり取りを通して、新たに見出される課題、発見、実践知などが得られることが期待できる。本研究の研究目的に照らし合わせると、研究者が実践者として現場に参加することは排除することはできないと考える。このような、スタンスで臨んだ。

7.2.5　データ

2007年、9月にガブリエラに対して、10月にアナに対してそれぞれ個別に

翻訳支援に関しての半構造化インタビューを実施した。ガブリエラは2007年2月に支援が終了していたが、アナは2007年10月の時点では支援継続中であった。インタビュー時間は、アナは72分、ガブリエラは50分である。インタビューの使用言語は日本語である。インタビューは了承の上、ICレコーダーに録音し、全て文字化した。文字化された資料をM-GTA用いて、質的に分析した。その際、語りについての解釈はプロジェクトの大学のメンバーとともに検討した。

インタビューの主な項目は①周囲にいる子どもの環境について、②今回の教材翻訳以外の翻訳・通訳の経験について、③教科書の翻訳をすることについて、④翻訳作業の準備や工夫について、⑤日本人との連携について、⑥地域の人が子どもの学習サポートをすることについてに大別される。具体的な内容を以下に示す。留学生支援者や子どもの母語ができる日本人支援者へのインタビューと同様に①から⑥の項目を中心に質問し、「・」にある項目は必要に応じて補助的に質問した。

①子どもの環境について、お尋ねします。
・あなたの周りに日本語を母語としない子ども（ペルー人、メキシコ人、アルゼンチン人、チリ人、ブラジル人、その他）がいますか。
・それらの子どもが学校で勉強に困っているということを聞いたことがありますか。
・それは、だれに聞きましたか。
・そのことを聞いてどう思いましたか。
②翻訳・通訳の経験について、お尋ねします。
・これまでに翻訳や通訳をしたことがありますか。
・その時に難しかったこと、良かったこと、新しく発見したことなどありますか。
③教科書の翻訳について（動機・イメージ）、お尋ねします。
・中学生の教科書のネイティブチェックや翻訳を頼まれたときどう思いましたか。
・母語を支援に取り入れることについてどう思いますかどんなメリット・デメリットがあると思いますか）。

- なぜ、翻訳支援をしようと思いましたか。
- 初めて翻訳支援をしたときにどう思いましたか（支援をする前と、支援をしてみた後と、何か違ったことがありましたか）。
- 翻訳の専門家ではない人が翻訳の支援をするということについてどう思いますか
  （どんなメリット・デメリットがあると思いますか。あなた自身、新しく発見したことや良かったこと、反対に難しかったことや困ったことはありましたか。）
- 国語の専門家ではない人が翻訳作業をするということについてどう思いますか。

④翻訳作業の準備や工夫についてについて、お尋ねします。
- 翻訳をするときにどんな工夫をしましたか。
- 準備の時間はどれくらいかかりましたか。
- ネイティブチェックをするのにどれくらい時間がかかりましたか。
- ネイティブチェックをするときにどんな工夫をしましたか。
- ネイティブチェックをするとき、難しいと思った点はどんな点ですか。
- 翻訳するのにどれくらい時間がかかりましたか。
- 翻訳するとき、どんな点を工夫しましたか。
- 翻訳をしていて、どんなときがうれしかったですか。
- 翻訳をしていて、難しいと思った点はどんな点ですか。
- 翻訳をしていて、こんなシステムやこんな協力があればいいなと思ったことはありますか。
- 翻訳作業を通して、あなた自身変わったと思いますか。どんな点が変わりましたか。
- 翻訳文を読んで学習した子どもに対して、今後どんなことを期待しますか。
- ネイティブチェックや翻訳を通しての感想がありましたら、教えてください。
- 翻訳以外であなたが今後やってみたい支援はありますか？

⑤日本人との連携について、お尋ねします。
- 翻訳をする上で助かったことはありますか。
- どんな情報や小道具があるといいですか。
- 日本人のサポートについてどう思いましたか。
- やりやすい点、やりにくい点、困った点、遠慮した点などはありますか。
- 今後どのようなサポートがあればいいと思いますか。
- 一人でもできると思いますか。

⑥地域の人が子どもの学習サポートをすることについて、お尋ねします。
・あなたのような立場の人（地域の母語話者）がこういう取り組み（教科書の翻訳など）に参加することについてどう思いますか。
・地域の人が子どもの学習をサポートすることは可能だと思いますか。

7.3 分析結果

7.3.1 結果図

　M-GTAによる分析の結果、三つのカテゴリー、五つのサブカテゴリー、18の概念を得、以下のような結果図にまとめることができた（図7-1）。なお、インタビューは2007年9月にガブリエラに対して、10月にアナに対して行われた。

　まず、「地域の日系南米人の子どもの教育に対する当事者性獲得のプロセス」のストーリーラインを提示する。

　以下の説明の中で、カテゴリーは〈　〉、サブカテゴリーは【　】、概念は〔　〕で囲んで示した。

　まず、地域在住の日系南米人支援者（以下、アナとガブリエラとする）は、翻訳支援を始める前からきょうだいが学齢期に日本の公立学校を中退しており、子どもの【学校における子どもの困難】や【家庭における子どもの困難】を知っていた。その【学校における子どもの困難】を、〔子どもは日本語がわからない〕、〔子どもはいじめを受ける〕ことから、結果として〔子どもの不登校・退学〕という状況に陥ってしまうこととして理解していた。また、子どもがいじめを受けていても家族は〔学校に頼れない〕状況にあると理解していた。

　他方、【家庭における子どもの困難】も知っていた。親は多忙で日本語を

第7章　地域在住の日系南米人支援者の教材翻訳支援に対する意識【研究4】　179

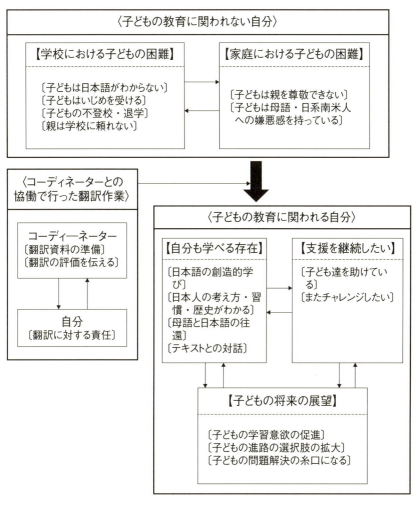

図7-1　地域の日系南米人の子どもの教育に対する当事者性獲得のプロセス

学ぶ機会もないことから、日本語の習得が思うように進まず、母語で話す親と日本語で話す子どもの間でコミュニケーションに不全が生じている。もちろん、子どもが母語を話し、親と母語でコミュニケーションをとってもいいわけではあるが、アナとガブリエラは、親の日本語力を問題としていた。その結果、日本語ができない親に対して〔子どもは親を尊敬できない〕状況となっていた。〔子どもは母語・日系南米人への嫌悪感を持っている〕、つまり同胞や母語に対しても否定的感情をもっていることも知っていた。

このように、子どもの一日の大半を費やす学校及び家庭において、日本語も母語も機能できないことからさまざまな問題が生じていたが、その問題解決の糸口がみつからずにいた。アナとガブリエラはこのように日本社会から〈子どもの教育に関われない自分〉として周辺に追いやられていたのだが、その状況を認識できずにいた。

アナとガブリエラはプロジェクトから公立中学校で使用する教材翻訳の依頼がきた時、やりたいと二つ返事で引き受けたものの、日本語ができないから翻訳などできるだろうかという不安があったが、コーディネーターから〔翻訳資料の準備〕、〔翻訳の評価を伝える〕などのサポートを受けながら不安な気持ちを取り除いていった。

ただ、不安が消えるだけでなく、訳文に推敲を重ねるなどして〔翻訳に対する責任〕を進んで果たすなど自分たちが関わる範囲を拡張したいと考えるようになっていった。このようにアナとガブリエラは〈コーディネーターとの協働で行った翻訳作業〉を行っていた。

アナとガブリエラはこの〈コーディネーターとの協働で行った翻訳作業〉を通して、〔日本語の創造的学び〕が得られること、さらに、教材文の内容のジャンル、例えば、古典や小説などを通して、〔日本人の考え方・習慣・歴史がわかる〕ようになり、自らも新たな知識を得ることに喜びを得ていた。翻訳の際は、単純な翻訳ではなく、教材文の日本語の世界観に合う母語の選択を考え、〔母語と日本語の往還〕ができるようになっていった。また、テ

キストの内容について自らも考え、テキストの主題に迫るなど〔テキストとの対話〕を果たし、主体的に翻訳を行っていった。このように、教材文翻訳を通して、自らも考え【自分も学べる存在】として自分自身を捉えるようになり、自己効力感を持つようになっていった。

　アナとガブリエラは自分たちが翻訳したものを子どもたちが読むことで内容を理解し、子どもの学ぶ機会が増え、それは〔子どもの学習意欲の促進〕にもつながるだろうし、学びの機会を得ると、進学・大学などの〔子どもの進路の選択肢の拡大〕にもつながると考えるようになっていった。つまり、不就学などの〔子どもの問題解決の糸口になる〕と捉えるようになっていった。このように自分たちの行動を【子どもの将来の展望】を開くものとして捉えられるようになってきた。

　翻訳支援を通して〔子どもを助けている〕という実感を得、〔またチャレンジしたい〕と考えるようになり、【支援を継続したい】と継続の意志が生まれ、〈子どもの教育に関われる自分〉として自己を捉えるというように変容していった。

　アナとガブリエラは翻訳支援を始める前は、子どもの抱える困難の解決に関わることができず、日本社会において、知らず知らずのうちに周辺化され〈子どもの教育に関われない自分〉となっていたが、自らが周辺化されているという認識は持てずにいた。しかし、〈コーディネーターとの協働で行った翻訳作業〉を通して、自分たちは、学習支援活動の中心であり、〈子どもの教育に関われる自分〉として当事者性を獲得していった。子どもたちは学習内容がわかれば学校に行きたくなり、そうすると、将来の選択肢も増え、日本における生活の展望が切り開かれていくことを確信するようになった。換言すると、自らを子どもが抱える困難を解決に向かわせる当事者として自己を位置づけたということである。

　以上、ストーリーラインを示した。次節では、各カテゴリーについて、それらを構成する概念を説明しながら論じる。

7.3.2 各カテゴリーについて

ここでは、各カテゴリーおよびサブカテゴリーを構成する概念について実際の語りをもとに分析と考察をする。なお、語りにあるUは筆者、Gはガブリエラ、Aはアナを指す。

なお、語りにある「@」は笑い、「♯」はよく聞き取れなかったところ、（　）は補足説明、下線は特にキーとなる語りを表す。

7.3.2.1 カテゴリー〈子どもの教育に関われない自分〉

〈子どもの教育に関われない自分〉は、【学校における子どもの困難】、【家庭における子どもの困難】の二つのサブカテゴリーで構成される。

(1)サブカテゴリー【学校における子どもの困難】を構成する概念は〔子どもは日本語がわからない〕、〔子どもはいじめを受ける〕、〔子どもの不登校・退学〕、〔親は学校に頼れない〕の四つである。

研究1の留学生支援者や研究3の日本人支援者は、学習支援を通して初めて子どもの抱える問題を認識していった。しかし、アナとガブリエラにとって、子どもの抱える問題とは自らの家族や親せきが実際に直面した問題であった。この点で、研究1の留学生支援者や研究2の日本人支援者の認識とは大きく異なる。なお、アナとガブリエラのそれぞれのきょうだいや親戚はインタビュー調査を行った時はすでに成人となっていた。

語り1
U：じゃ、勉強で困っているみたいな話はしたりする。
G：あ、勉強の？
U：うん、例えば授業。
G：あ、そうですね。(子どもは) 言葉わからないから、漢字（が）わからないから。えー、悲しくて、もう、学校行かないかんじがあるんですね。その問題もある

んですね。
U：悲しくてね、わからないから。
G：わからないから。

語り2
U：例えばEさん[58]みたいにね、彼女はメキシコから来たんだけど、小学校の5年生11歳とか12歳くらいできたのかな。今15歳なんだけど、それで、学校でね、例えば、アナさんは『みんな日本語』[59]から勉強したじゃない、Eさんはこれ（中学国語の教科書）から（いきなり勉強しなければならないので）、すごく大変で困っているということは知っていた？聞いたことある。友達の子どもとか。
A：聞いたことがあります。
U：あ、あります。で、どんなふうに聞いてましたか。
A：なんか、あ、えっと、いとこの子どもは学校行きたくない。日本語わからない。あと、いじめられる。行きたくない、行きたくないかな。

　語り1、2では、学校へ行かなくなる理由に〔子どもは日本語がわからない〕こと、〔子どもはいじめを受ける〕ことがあげられている。語り1の「漢字（が）わからないから」については、南米は非漢字圏であり、子どもにとって漢字学習はまさしく未知の学習であることから、当然負担が大きかったと推察される。前述の文部科学省（2006）の「外国人の子どもの不就学実態調査の結果について」によると、子どもの不就学の理由の上位に「日本語がわからない」、「学校へ行くといじめられる等するから」があげられ、「漢字ができない、日本語がわからない」ことが「学校が嫌い、不登校になる」ことの直接的要因とされている。アナとガブリエラも同様に考えている。しかし、漢字や日本語ができても学校が嫌いな子どももいれば、反対に、漢字や日本語がわからなくても、学校が好きな子どもいるだろう。このことか

58）国語の支援の対象となったスペイン語を母語とする子ども。
59）日本語初級の学習者を対象とした教科書。

ら、日本語や漢字ができないと、学校では勉強ができないという思い込みがあるように窺える。先にも述べたように日本の公立学校の授業は日本語で行われている。この教育の現状に自分たちが落とし込まれていることに気が付いていない。もし、子どもの母語のネットワークが活かされ、子どもの認知発達が継続して進められたとしたら、子どもの不登校も少なくなるはずである。日本語が第一優先と考える学校教育において、母語のネットワークの継続的活用に注目することは厳しい。それゆえ、アナもガブリエラも、子どもは日本語ができない→授業についていけない→学校をやめるのも仕方がないと考えている。非は自分たちにあるのだと思い込み、そのような周辺化を生む社会構造に取り込まれているのだということに気が付いていないのである。

語り3
1U：(いとこの子どもは) 今行ってますか。行ってる？何年生。
2A：でも、今、もう学校やめた@。やめてしまったから。
3U：今何歳ぐらい。
4A：それはちょっと昔の話だけど、
5U：じゃ、もう大きいでしょう
6A：今はたぶん20歳になった。でも子どもの時学校やめた。

語り4
1G ：(弟は) いじめられたんですけど、私たちは何も言ってなかったんですね。あの、その男達 (＝他の中学生) は言ったんですね。もし、(弟が) 母に言ったら (＝告げ口したら)、もっと戦いますね (＝いじめられますね)。
2U ：いじめられる。
3G ：いじめます。で、何も言ってなかった。
4U ：弟はね。
5G ：弟の友達は私たちに言ったんですね (＝教えてくれたんですね)。
6U ：あ、そっか、それ (＝いじめ) でやめちゃったんだ。
7G ：はい、やめちゃったんです。

```
 8U ：何年生のときやめたんですか。
 9G ：中学校2年生。
10U ：中2のときに。
11G ：先生たちは本当にやさしかったんですけど、その問題でやめたんです。
12U ：いじめでやめたんだね。
```

　語り3と4でアナとガブリエラは、自分たちの身近にいた子どもがそれぞれ学校を中退したと述べていた。彼女らの語りから〔子どもの不登校・退学〕に至る経緯に〔子どもは日本語がわからない〕、〔子どもはいじめを受ける〕という状況があった。語り4では、ガブリエラの弟が中学2年で退学したいきさつが述べられている。11Gで、「先生たちは本当にやさしかったんですけど」とガブリエラは語っているが、いじめの事実については、家族は学校からではなく、弟の友人から知らされている（5G）。このことから、子どものいじめの問題に関して、学校側と家庭がうまくつながっていなかったと考えられる。当時のガブリエラの両親はともに日本語が流暢に話せる状況ではなかったという。つまり、学校と家庭の乖離は、日本語と母語との乖離とも言え、この乖離を埋められず、〔親は学校に頼れない〕状況に追いやられていったことが窺われる。

(2)サブカテゴリー【家庭における子どもの困難】
　【家庭における子どもの困難】は〔子どもは親を尊敬できない〕、〔子どもは母語・日系南米人への嫌悪感を持っている〕の二つの概念で構成されている。
　語り5に登場する「子ども」とはアナのいとこの子どもである。

語り5

1A ：今はもう、あの、(その子どもは) 日本語を話せるようになったけど、でも、＃＃＃あるね。その子どもは日本語はもううまい、うまくなったけど。(その子どもの) 両親はいつも工場で働いているから、いつも、南米アメリカの人といっしょにいるので、日本語はぜんぜん、うん。話せない。ぜんぜん。
2U ：話すチャンスがないよね。
3A ：話すチャンスがないから、今は、その子どもはお父さん、お母さんだけど、「あなた、ばかとか」「どうして、日本にずっと長い間、日本にいるけど、日本語わからない。」とか。
4U ：子どもが日本語上手になって、お父さん、お母さん日本語あんまりできないから。
5A ：でも、(親にそんなことを言うことは) 礼儀正しくないみたい。「あなたはばか、どうして日本語話せない。」
6U ：子どもが言うんですね。
7A ：そうそう。
8U ：お父さんとお母さん。
9A ：(子どもは) 今は20歳、でも。
10U：今も言うの？
11A：そう、だから、もう、大変。
12U：ああ、じゃ、コミュニケーション何語ですか。その家族は。
13A：えーと、その子どもは今日本語だけ。
14A：もう、スペイン語、はな……(話さない)。
15~17 (中略)
18A：(子どもはスペイン語が) 話したくない。
19U：話したくないの。どうしてだろう。
20A：たぶん、コンプレックスがあると思うけど。子どもの時はいじめられた。
21U：スペイン語を話すから。
22A：そう。だから、コンプレックスがあるから、もう、日本、えっと、スペイン語話したくないと、南米アメリカの人といたくないと、家族といたくない。

語り5で語られている子どもは言葉が違うことでいじめにあった経験がある。その経験を経て、母語や親への否定的な感情となってあらわれていることがわかる。家庭では子どもは日本語のみで話すという。一方で、日本の滞在が長い親に、なぜ、日本語がわからないのかと責め、〔親を尊敬できない〕という事態となっている。「両親は子どものために働いている（アナの語り）」にもかかわらず、子どもは親を尊敬することができず、言語的な面でも親をないがしろにするといった状況が生み出されている。「もう、日本、えっと、スペイン語話したくないと、南米アメリカの人といたくないと、家族といたくない。」(22A)という語りからは、〔子どもは母語・日系南米人への嫌悪感を持っている〕ことが窺われる。

　アナは親が日本語ができないことが親子のコミュニケーション不全の一因であると考えていると推察される。親も子どももそのように捉えている。しかし、先にアナとガブリエラの日本語の学習歴で述べたように、日本語学習が個人の努力にのみ求められている現状では、日系人全体が日本語を学習するチャンスを得ることは難しい。国及び自治体、また勤務先などによる日本語学習のための施策が成されるべきなのだが、あまり改善が施されないまま時間が過ぎている。このような、社会的状況の積み重ねが親子間のコミュニケーションの不全をもたらしたのではないだろうか。アナの語る親子は社会の犠牲になっている状況には気が付いていないようにも思われる。

　語り6は、アナのいとことその息子のワタル（仮名）との関係性について語ったものである。

語り6
1A：（いとこの）お母さんから電話もらって、そのワタルさんね、あの、その子の名前。あの、ワタルさんに町に会ったけど、ワタルさんは日本人と友達だけど（＝日本人の友達と一緒の時）、ワタルさんはお母さん見て、知らない人（ワタルさんはお母さんを見て知らない人のようなふるまいをした）。

2～7（中略）
8U　：Ignore したということ？
9A　：そうそう ignore したから、お母さんはすごく悲しかった。ふーーーん（泣いたような声で説明）。
10U：いやいや、最近ですね。それ。
11A：うん。それはたぶん2週間くらい前。
12U：そうなんですか。
13A：うん。
14U：今、いっしょに住んでいるんでしょう。ワタルさんとお母さん。
15A：でも、（ワタルは）恥ずかしいから、お母さん（のことを）。
16U：今も恥ずかしいんだ。
17A：えっと、そう、だんだん悪くなった。
18U：ああ、そう。へえ。
19A：だから、うん。
20U：働いていますか、ワタルさんは。
21A：そう、工場で働いている。
22U：あ、働いている。
23A：で、その子どもも、だいたいなんかコンプレックスがあるから、いろいろな問題も起こる。仕事あまりしたくないとか、だから、泥棒になったりとか。あ、ワタルさん、泥棒じゃないけど…。
24U：その（ワタルの）まわりにね。
25A：いろいろな問題が起こるから。うん、それはすごく難しい問題。

　アナとガブリエラの語りの対象とされている子どもはいずれも現在では成人しているが、アナもガブリエラも、身近にいた子どもの困難を深刻に捉えていたことが窺われる。
　語り6の1Aで、「ワタルさんは日本人と友達だけど（＝日本人の友達と一緒の時）、ワタルさんはお母さん見て、知らない人（ワタルさんはお母さんを見て知らない人のようなふるまいをした）」と語り、さらに、「でも（ワタルは）恥ずかしいから、お母さん（のこと）」（15A）とあり、〔子どもは親を尊敬できない〕状態が成人した現在でも続いていることがわかる。アナは「いろいろな

問題も起こる。仕事あまりしたくないとか、だから、泥棒になったりとか」(23A) と語り、ワタルのみならず、ワタルの周辺の環境に起こりうる問題についても憂慮していることが窺える。

以上、カテゴリー〈子どもの教育に関われない自分〉を構成するサブカテゴリー【学校における子どもの困難】と【家庭における子どもの困難】の概念について述べてきた。支援者であるアナとガブリエラの語りからは、日本語がわからないことで、子どもが学齢期であるにも関わらず退学という選択をしてしまうこともありうるという現実がわかる。

一方、家庭においては、日本語が全く話せない親と、日本語のみを話す子どものコミュニケーションの不全が語られていた。特にワタルは母語に関して嫌悪感を抱いている。ワタルの言語への嫌悪は、その言語を話す親、さらには同胞である南米人にまで向けられている様子が窺われる。

このように、学校では子どもが日本語ができないゆえに問題が起き、家庭では親が母語が使えないゆえに問題が起き、いずれも言語が機能できない環境となっている。換言すると、学校や家庭における諸問題の要因が言語の問題に集約されていると言える。さらに、アナやガブリエラたちの家庭や親戚の努力不足が諸問題を引き起こしていると彼女たちが思い込んでいるようにも推察される。前述のとおり、日本政府が日系南米人が合法的に就労できる制度を制定したのは、専らバブル景気に伴う人手不足を解消するためであった。そこに、日系人の今後の生活を熟考した確固たる政策は存在しなかった。当然ながら、日本語の問題や子どもの教育の問題への対応も場当たり的であった。日本語や教育に対する手厚いサポートもないまま「日本に来たのだから、まずは日本語の習得や日本語による学習をするべきだ」という声の下、日系人の努力にのみ依存してきた結果、アナやガブリエラのような日系人は周辺化せざるを得ない構造が生み出されてきたと考えられる。

社会構造の転換が図られることなく、ガブリエラの弟は、中学中退後、犯罪に巻き込まれた。アナは、いとこの子どもについて、犯罪にこそ巻き込ま

れていないが、子どもの周辺に「いろいろな問題」が起こってもおかしくない可能性があったことを示唆している。アナとガブリエラは構造を転換させる具体的な術を持つこともなく、〈子どもの教育に関われない自分〉に甘んじるほか手立てはなかったと考えられる。

7.3.2.2　カテゴリー〈コーディネーターとの協働で行った翻訳作業〉

　このカテゴリーは、コーディネーターによる〔翻訳資料の準備〕、〔翻訳の評価を伝える〕支援者による〔翻訳に対する責任〕の三つの概念で構成されている。

　アナとガブリエラは子どもたちの抱える困難を身近で見ていた。そこに教材翻訳の依頼がきた。依頼を受けた時は、日本語力の問題から「できるかな？」と心配していたが、コーディネーターである筆者がサポートをすることを伝え、翻訳支援が始まった。以下の語り7と8は、筆者に対するサポートについての語りである。

語り7
G：難しい言葉、辞書になかったら、たぶん意味を（私に）教えてほしいと思います。

語り8
A：（資料の）写真いいと思いました。

語り9
A：あの翻訳が終わった時、ああ、なんか、できたかな。でも、正しいかどうかわからなかったけど、（メールで）送ったあと、U（筆者）さん「ああ、大丈夫だった！」（と言ったので）。ああ！やった！次もやりたい、次もやりたい、次もやりたいから。

翻訳を行う際、日本の文化的背景が必要な表現や古典に関する語彙は、支援者の手持ちの辞書に掲載されていない場合が多い。そこで、筆者は、それらの表現や語彙を写真などで説明する資料を作成など〔翻訳資料の準備〕をしてアナとガブリエラに渡した。語り7と語り8はその準備について述べている。

 アナとガブリエラは、翻訳に不安を持っていた。また、翻訳を終えたあとも、それが正しかったかどうかという不安があったことが窺える。つまり、翻訳をし終えた時点でも、不安は消えていないのである。筆者が「(送られた翻訳は)大丈夫だった」、と〔翻訳の評価を伝える〕ことで、はじめて、翻訳が認められたことを実感しているのが窺える（語り9）。また、「ああ！やった！次もやりたい、次もやりたい、次もやりたから」からは、子どもの教育に関わることができる存在として、積極的に行動を起こして関わっていこうとする意志の表れがみられる。翻訳支援を開始する前は、日本語ができないと子どもの教育には関われないという意識から、母語を活用すれば教育に関われるという意識への変容が窺われることから、子どもの教育に関しての当事者性の萌芽がみられる。

 次は支援者の〔翻訳に対する責任〕についての語りである。

語り10
G：私、プロフェッショナルじゃないけど、一生懸命、一生懸命やってきた。あの、一生懸命しました。（中略）翻訳のことは本当に大切なことですね。（中略）例えば、ふつうの人（のため）だったらいいんですけどね、子どものためにね、先生が教えてあげるでしょう。だから、私、もっと責任がある。（中略）だから、責任ですね。何回も読まないといけない。訳まちがい、もう一度やり直す。

 語り10では、支援者は、自分はプロフェッショナルではないと前置きをした上で、どのような態度で翻訳を行ってきたか述べている。翻訳を読む対象は成人ではなく、認知発達の途上にいる子どもであることから、〔翻訳に対

する責任〕を覚え、できあがった翻訳文を何回もチェックしていることがわかる。

> 語り11
> 1G：私、思いましたね。ええ、子どもたち手伝ってあげるから、私、うれしかったんですね。
> 2U：子どもたちがね。手伝ってあげるね。なるほどね。
> 3G：先生を（＝も）手伝ってあげましたね@

　語り11では、翻訳作業を通して子どもたちを助けているという実感が語られている（1G）。

　中学校における教科支援は、学校の行事などの都合で、支援の日程が変更されたりすることもあり、翻訳も不規則な状況に合わせて作業を進めていかなければならなかった。学校のスケジュールの都合で緊急を要する場合もあり、その都度、筆者はコーディネーターとして、学校と翻訳者の調整を図る必要があった。緊急を要する場合であっても、アナもガブリエラも仕事で多忙であるにも関わらず「子どものため」と快く引き受け、責任を持って翻訳を行った。加えて、ガブリエラは子どものためのみならず、「先生を（＝も）手伝ってあげましたね@」（3G）と語っている。ガブリエラは、日本語文とアナの翻訳したスペイン語を基にポルトガル語に翻訳することもあった。その際、スペイン語の翻訳の間違いを発見し、支援当日の早朝に筆者に電話で知らせてくることもあった。このことからも翻訳に対する責任が窺えよう。

　それでは、なぜ、アナとガブリエラが強い責任感を持って翻訳支援に臨んだのであろうか。それは、先にも述べたように、二人ともこれまで学校教育に関わることができる存在としてみなされることはなく、常に蚊帳の外に追いやられていた。このような環境の中にいた二人が、支援を引き受けた当初、自らの日本語力を不安視していたのは当然のことであろう。しかし、いざ、翻訳を始めると、子どもの学習を強く推進できる存在として自己を意識する

ようになり、その結果、翻訳に対する責任感も高まっていったことが窺われる。

この意識の変容を支えたのはコーディネーターの存在もあるだろう。アナとガブリエラに翻訳の教材を渡し、単純にアナとガブリエラが翻訳を遂行するという単純なやりとりに終始することも可能であったが、コーディネーターは〔翻訳資料の準備〕や、授業における子どもの様子や翻訳教材に対する反応を逐一報告している。このようなサポートがアナとガブリエラの翻訳に対する意識の高まりに貢献していると考えられる。このように、意識変容にはそれを支える他者が不可欠であることが窺える。

子ども教育に関して周辺化された存在に甘んじてきたアナとガブリエラではあったが、実は、自分達が、子どもの教育に当事者として主体的に関われる存在であることを意識できるようになってきたと考えられる。この自己認識の変容には、コーディネーターのサポートが促しているのではないだろうか。

7.3.2.3　カテゴリー〈子どもの教育に関われる自分〉

このカテゴリーは【自分も学べる存在】、【子どもの将来の展望】、【支援を継続したい】の三つのサブカテゴリーから構成される。

(1) サブカテゴリー【自分も学べる存在】

このサブカテゴリーは〔日本語の創造的学び〕、〔日本人の考え方・習慣・歴史がわかる〕、〔母語と日本語の往還〕、〔テキストとの対話〕の四つの概念から成り立つ。

まず、概念〔日本語の創造的学び〕から提示する。

> 語り12
> 1A：漢字の勉強もできるから、うん。あと、頭の中、あ、この漢字見たことがある、たぶんこれかな。すごく練習に…。
> 2U：なりました。
> 3A：なりました。<u>すごく、うれしい</u>。終わったあと、そ、終わったあと、<u>次もやりたい、次もやりたい</u>。なんか、たくさん習えるから。
> 4U：じゃ、自分の勉強もできるなと思ったんだね。
> 5A：うん、あとはもちろん、Eさん（スペイン語で支援を受けている子ども）<u>もうれしい</u>から、両方の気持ちがあるから。

　アナもガブリエラも言語的には非漢字圏に属している。漢字は日本語学習の一つとして、これまで学習してきた。語り12はその学習で覚えた漢字を翻訳の場面で活かせることの喜びにあふれている。この語りから、普段の生活では、日本語を学習しても、それを既有知識として活かせる場面が少ないことが窺われる。「たくさん習えるから、次もやりたい」（3A）と述べ、意欲がみなぎっている。子どものための翻訳支援は、実は、自らの〔日本語の勉強になる〕という実感を得ている。「Eさん<u>（スペイン語で支援を受けている子ども）もうれしいから、両方の気持ちがあるから</u>」（5A）と、自他ともに学べることを「うれしい」と表現し、幸福感であふれている様子が窺える。
　次の語りは概念〔日本人の考え方・習慣・歴史の理解が進む〕についてである。

> 語り13
> A：日本人の生活わからないけど、日本人の考え方も時々入る（＝みられる）から。例えば、なんか自然が大切と、あとは戦争も起こったとか、何か日本人、その人だけじゃなくて、他の人も、だから、あとは（日本人の歴史や習慣を理解すると）勉強（の理解）も簡単になるから。

第 7 章　地域在住の日系南米人支援者の教材翻訳支援に対する意識【研究 4】　195

> 語り14
> G：この日本の本、昔（＝古典）ですけどね、子どもを勉強するときに、言葉だけじゃなくて、あの、日本の習慣、覚えますね。このテキストは本当に教育教えますね。だから、あの、機会があったら本当に一生懸命勉強したほうがいいと思います。

　中学国語の教材文の理解は、小学校から学んだ学習の既有知識の蓄積が必要となる。アナやガブリエラもこのような日本の学習における蓄積がないことから、教材文の意図をくみ取ることが困難なのは容易に想像できる。語り13では、日本人の生活はわからないが、その背景にある自然に対する考え方、また、戦争の状況についての理解が進むことを語っている。また、語り14では、日本人の習慣についてその内容に感動し、教育的価値があると言っている。
　アナもガブリエラも翻訳を通して学びを得ており、この学びが次の翻訳にも生かされ、それを読む子どもたちの学びの一助になると、捉えているのだろう。
　次は、概念〔母語と日本語の往還〕について述べられたものである。

> 語り15
> A：なんか、きれいな言葉使ったほうがいいかな。
> U：ああ、翻訳にきれいな言葉を使った。
> A：そう、なんかポエムみたいな言葉。

> 語り16
> 1G：そうですね。私、えー、子どもの言葉じゃなくて、大人。
> 2U：大人の言葉？
> 3G：書きましたね。
> 4U：それはどうしてそうしました。あの、前ね、言葉のレベルはどうしたらいい

のって聞かれたことがあって、子どもがわかる言葉がいいんですか。それとも、普通の言葉がいいんですか。
5G：ああ（思い出したように）、そうですね。
6U：というふうに聞かれて、私は普通の言葉でお願いしますって言ったんだけど。
7G：ああ、そうですね。でも、その言葉にたぶん小学生と中学生聞いたらわかると思いますね。
8U：じゃ、ま。
9G：でも例えばね、「Melos se enfureseu.」「enfureseu」[60]は子どもの言葉じゃないんですね。
10U：なるほどね。子どもだったら何ていうの。もっとわかりやすい。
11G：すごく、はい、いらいらしたんですね。すごくはい。だから、本の言葉ですね。この言葉は。
12U：あ、書く言葉ですね。
13G：はい、書く言葉ですね。だから、私、ね、言葉……。
14U：書く言葉を考えながら。
15G：はい、書く言葉考えながら。

　語り15では松尾芭蕉の俳句について、語り16では太宰治の『走れメロス』についての翻訳の工夫が語られている。テキストの内容や世界観に合うような母語や文体を選ぶ工夫がされている。

語り17
G：最初は、ちょっと難しかったけど、時間も日本語ね、日本語の言葉、ええ、辞書で調べたんですね。でも、ポルトガル語の言葉も調べたんですね。どんな言葉入れるか。
U：一番いい言葉ということ？
G：はい、一番いい言葉。あの、入れるか、私考えましたから、時間がかかりましたね。
U：じゃ、本当にていねいに。

---

[60] 『走れメロス』の冒頭の一文「メロスは激怒した」のポルトガル語翻訳である。怒りの強さが表れている翻訳である。通常であれば「Melos ficou bravo」で「メロスは怒った」というニュアンスのものとなる（宇津木2010）。

> G：はい、でもだんだん翻訳をして、できるとうれしかったんですね。

　語り17でも、日本語の表現に近い翻訳を吟味し、また、辞書でも調べているのがわかる。
　このように、日本語の表現を吟味し、母語であるスペイン語やポルトガル語の知識を活性化させながら、教材文で使われる日本語に合った表現を追求していると言えるだろう。アナもガブリエラも日本語力に不安は抱えていたものの、実は、両言語それぞれを吟味しながら翻訳ができる、つまり、〔母語と日本語の往還〕の可能性を十分に持っていたと言える。
　次に、概念〔テキストとの対話〕について述べる。

> 語り18
> 1A ：（『ごはん』の翻訳は）けっこう、おもしろい。中身はおもしろかった。
> 2U ：おもしろかった。
> 3A ：うん。
> 4U ：どんなふうに。
> 5A ：子どもときだったじゃない。
> 6U ：この人がね。
> 7A ：うん、で、いろいろな困った（戦争の）あのシチュエーションたくさんあったけど、自分のイマジネーションを使って、なんか、生きられたかな。
> 8U ：そういうことを、内容。
> 9A ：そう、あの、あの、ごはんもなかったけど、ああ、今日はこれを食べたかな。と、イマジネーション作って気分がよくなったみたい。
> 10U：ああ、じゃ、そういうのをおもしろいなと。

　『ごはん』は向田邦子によるエッセイである。語り18では、戦時下においても、主人公が「自分のイマジネーションを使って、なんか生きられた」と述べ、主人公の想像力の豊かさを捉え、テキストの内容を理解しながら翻訳していることが窺える。
　教材の本文のみの翻訳を依頼しているが、『ごはん』については、テキス

トに掲載されていた作者である向田邦子の紹介文も翻訳していた。その理由について語ったのが次の語り19である。

語り19
A：ここ（作者の紹介文）を書くと、どうして（この）人（作者）が書いたので、大切だから書いたかなと思って翻訳しました。必要がないとたぶん書かないから。でもあの作者はだれだった（＝どんな人だった）、ちょっと説明したら役に立つと思ったから。

　向田邦子は戦争を生き延びたが1981年に飛行機事故に巻き込まれ52歳の若さで亡くなっている。アナは『ごはん』は作者の子ども時代の経験について書かれたエッセイであることから、作者紹介をすることは子どもの本文の内容理解に役に立つと判断し、翻訳を行ったと述べている。このことから、アナは本文のみならず、その周辺情報についても目を通していることがわかる。さらに、独自の判断から、主体的に翻訳を進めていることがわかる。

語り20
G：子ども（に）、「教え」がありますね。内容、この物語（『走れメロス』）内容は。（中略）最後、最後ね、あの、二人は友達になったから、私おもしろいと思います。

　また、語り20は、太宰治の『走れメロス』について語り、主人公であるメロスと、メロスと反目していた王が友情で結ばれ友達になったことに触れている。ガブリエラは内容に「教え」があると述べ、主題である「友情」が捉えられていることが窺える。このように〔日本語の勉強になる〕のはもちろんだが、教材文の一読者として教材文に強く惹かれ、その内容を吟味し、主題を捉えて翻訳をしていたと言えるだろう。

第 7 章　地域在住の日系南米人支援者の教材翻訳支援に対する意識【研究 4】　199

> 語り21
> A：えっと、<u>たくさんポエム（俳句：古池や蛙飛び込む水の音）の中にイグザンプルです（＝があります）</u>。これを言うと、大切な意味があまりないかな。でも、<u>コンテキストの中で意味があると思うけど。</u>うん、そう、で、日本人は自然なことはすごく、フィーリング、何か、水のこととか、あとは花を見るとか、すごく何か感じる。南米アメリカ人と違う。（南米人は）それは、花とか、水は水とか。だからフィーリングも違うと思う。
> U：あ、これ（俳句）は、じゃあ、日本人のフィーリングだと思ったんですね。
> A：そう、<u>水を聞こえるとか、それは深い意味がある、多分日本人にとってね。だからポエム（俳句）を作ったんじゃない。</u>

　アナは、俳句「古池や蛙飛び込む水の音」を例示し、南米人とは違う日本人の感覚の違いを想像しながら、蛙が水に飛び込む音がなぜ俳句になったのか、その意味を追求し、そこに、自然に対する日本人の考え方があるのではという独自の結論を導き出している。

　以上のことからアナもガブリエラもテキストを翻訳する際は、〔テキストとの対話〕を通じて主体的に翻訳を行っていることがわかる。

　以下は、スペイン語ができる日本人支援者渡辺（詳細は第 6 章）からのメールで、アナの翻訳についての評価が書かれている。渡辺は、アナの翻訳した教材を用いて E の母語支援を行っている。渡辺と E との支援におけるやりとりは、すべてスペイン語である。

> いつもアナさんのスペイン語翻訳のおかげでとても助かっています。
> 漢詩をスペイン語に訳すなど、私にはとても難しいですが、アナさんは<u>内容をよく理解なさって適切な訳をつけて下さっています。</u>
> 李白の詩、
> 孤帆の遠影碧空に尽き惟だ見る長江の天際に流るるを
> A lo lejos, en el cielo azul la silueta del barco va desapareciendo.
> Solo se ven correr las aguas del Choukou（rio de China-nombre：Changuang）hasta el fin del cielo.
> Eには、「この中国の川は、（中学校の近くにある）川よりずーっと広くて大きい。その川を舟が下っていく。その川の遠くには青い空がある。舟がその空に吸い込まれるように見えなくなった。その様子が分かる？」と聞くと、<u>「うん、分かる分かる」と答えました。</u>
>
> （2007年11月2日　スペイン語支援者渡辺からのメールより）

　渡辺は、アナの翻訳を「内容をよく理解なさって適切な訳をつけて下さっています」と述べていることからも、アナの翻訳が〔テキストとの対話〕を通していかに吟味されたものかが窺える。

　アナもガブリエラも今まで日本で読んだことのある文章は、日本語の初中級向け教科書にある教材文が中心であった。初中級であることから、例文や会話文が中心で、コントロールされた文型や語彙の学習に主眼が置かれている。一方、中学国語の教材文は、文化、歴史、物語、科学など内容は多岐にわたっており、二人にとっては初めて知るものが多かった。そこで、日本人の考え方・習慣・歴史知り、自らも学んでいる実感を得ていた。その学びを伝えるために、母語と日本語を往還しながら、それぞれの母語であるスペイン語とポルトガル語を吟味し、その表現を追求していた。表現を追求するためには、テキストの内容の理解が不可欠で、テキストとの対話を重ねていた。このように、翻訳の実践を通して、【自分も学べる存在】となっていった。

(2) サブカテゴリー【子どもの将来の展望】

このカテゴリーは〔子どもの学習意欲の促進〕、〔子どもの進路の選択肢の拡大〕、〔子どもの問題解決の糸口になる〕の三つの概念で構成されている。

まず、概念〔子どもの学習意欲の促進〕について述べる。

語り22
G：（教材の内容が）わかるようになるからいいと思う。たぶん、（子どもは）学校は行きたい気持ちになる。

語り22にあるように、翻訳教材を読み、少しでも内容がわかれば学校に行く意欲がわくのではないかと考えているようである。先にも述べたように、子どもが学校に行かないことについて「漢字が分からないから、日本語が分からないから」という理由付けをしていた。しかし、ここでは、教材の内容が分かれば学校に行く意欲がわくとし、意識に変化がみられる。

さらに、語り28では学校に行って学ぶことによって卒業後の〔子どもの進路の選択肢の拡大〕につながると考えている。

語り23
G：子どもね、学校へ行かないと、（中略）家にいて歳を取って、働きなさいね（＝働きますね）。でも、働くといつも社員になるんですね。でも学校へ行ったら、大人になると、大学行ったりとか、いい仕事できるようになるんですね。（中略）だからね、私、（子どもは）学校に行ったほうがいいと思いますね。

語り24
A：工場の仕事（が）したいと（＝したい場合）、えっと、あまり日本語必要がない。日本に住んでいるけど、本当は日本語が必要ない。それは事実。だけど、それはよくないと思う。工場で働いて、ちょっとお金集まって、大学とか、あるいは帰国するとか、自分の店とか持つとかいいけど、ずっと工場で働くと、ま、仕事だけど、いいから、でも、難しいテーマだけど、私はロスタイムだと思う。

語り24では、アナは「難しいテーマ」だとしながらも、働くことで貯めたお金を自分自身の将来（進学、仕事）に使うべきだという見解を述べている。語り23も24も、その語りの下地には二人の経験、あるいは、二人の身近で起こったことなどもあると思われる。今後、具体的な目的を持って将来に臨んでほしいという子どもたちへのメッセージとも受け取れられるだろう。

次は、概念〔子どもの問題解決の糸口になる〕についての語りである。

語り25
A：（教材の内容が）何もわからないと質問もできない。少しわかると、たぶん、あ、「この文わからない」と質問できる。でも何もわからないとすごく困る。あの、わからないところある、でも、全然わからないからどんな質問するかすごく難しい。あとは、この、あの、（翻訳を）読んだら、たぶんわかないところあったら、日本人の友達に聞くから、それもいいチャンス。

日本の公立学校の授業言語は日本語であることから、子どもたちにとって、教材の内容にアクセスすることは困難を極める。しかし、翻訳文を通して内容にアクセスできれば、子どもは「何がわかならないのか」が理解できると考えている。それを日本人に友達に質問するチャンスだと考えている。

語り26
1G ：例えばね、たくさん子どもが学校行かないで、家にいるんですね。家で、テレビのことだけ教えてくれますね（＝テレビのプログラムの内容だけわかります）。だから、大人になると、あまり、詳しいこと……（＝学ぶ機会がないまま大人になる）。
2～8（中略）
9G ：（子どもはブラジルのケーブル）チャンネルを見ているんですね。みんなじゃなくて、たぶんね、ブラジルの言葉、ブラジルのテレビ見たら、もちろんよく、たくさんのこと覚えてくれます（＝教えてくれます）が、学校行くとちょっと違うんですね。
10U：なるほどね。

第7章 地域在住の日系南米人支援者の教材翻訳支援に対する意識【研究4】　203

> 11G：テレビでね、先生、いっぱい教えがあるんですけど、言ったことがちょっと違うんですね。教育と違う。映画とか、ええ、ドラマとか。
> 12U：ま、ちょっと違うというかんじ。
> 13G：それで、例えば、テレビを見ると、（テレビを見ている時間は）休み時間と思いますね。
> 14U：ああ、そっか、そっか。
> 15G：何も心配しなくて、あの、なんていうんですか。何も考えなくて、休むだけ。でも、学校へ行ったら、本当にまじめなこと考えさせます。テレビでね、いっぱい教えがあるんですけど、言ったことちょっと違うんですね。（中略）（テレビは）何も心配しなくて、あの、何て言うんですか。何も考えなくて、休むだけ。でも、学校へ行ったら、本当にまじめなこと考えさせます。

　ガブリエラの語りからは、弟が学校に通っていた時代から現在まで脈々と再生産されている日系ブラジル人の不就学・不登校の実態が語られている（1G）。それらの子どもたちは昼間は自宅でブラジルのケーブルチャンネルを見ている（9G）。このように教育を受ける機会を失ったまま成人していく子どもに対して危惧を抱いているのがわかる。
　ガブリエラはテレビと学校教育の違いについて、テレビは「休む場」、学校教育は「思考の場」だと位置づけている（15G）。これらの学校に行かない子どもも、語り26にあるように、教材の内容が母語で理解できる環境があれば、学校へ行って「本当にまじめなことを考える」機会になると捉えている。

> 語り27
> 1A：（学校の）先生はたぶんみんなの学生に、この学生は外国人だけど、何か、みんな（同じ）人間だから、うん、同じじゃないかな（と先生が学生に言ってほしい）。
> 2U：あ、同じじゃないっていう言うかんじ。日本人の生徒もいれば、いろんな国生徒もいて、それは同じじゃないかな（という意味）。
> 3A：あとはその学生の両親は違う国に来てから、すごく頑張っているから、みんなお願いして、あの、学生だから手伝ってくださいとお願いしたほうが、あの、言ったほうがいいかな。先生。

4U：先生にね。親が先生に。
5A：あの、先生は、あの、なんかその子どもの生活の environment ちょっと説明してから、みんな、たぶん、その学生はいろいろな困っていること（が）あるから、みんな手伝ってあげる。
6U：まわりの日本人の学生とかね。
7A：そう。自分（＝日本人）の生活も難しいから、外国人だからもっと難しいじゃない。
8U：じゃ、まわりの学生も手伝ってあげたらいいじゃないかなということだよね。
9A：そう。

　アナは「外国人であっても日本人と同じ人間だ」(1A) ということを前提にし、日本の公立学校のあり方について言及している。語り2にあるようにアナのいとこの子どもがいじめにあっていたが、いじめに対して具体的な手立てもなく、したがって、課題の解決もできずにいた。アナは子どもの両親が多忙な中、必死で頑張っているという現状を述べている。多忙であるがゆえ、子どもの教育に手がまわらずにおり、教師および生徒の理解と協力の必要性を述べ、具体的な課題の解決策を述べている（3A）。7Aでは、日本人の生活が厳しいのであれば、外国人はさらに厳しい状況あることは当然で、そのことについて日本人に想像することを要求している。

(3)　サブカテゴリー【支援を継続したい】
　このサブカテゴリは〔子どもたちを助けている〕、〔またチャレンジしたい〕の二つの概念で構成されている；

語り28
A：本当はこの（翻訳）プロジェクトがあると本当にうれしい。日本人はなんか外国人に手伝ってあげるから本当にありがたいですね。続けてほしい。そう、この子どもはいつか大人になるから（私は）手伝ってあげたい。あの、なんか、もし、学校がいやとか、日本での生活がいやとか、悪い大人になるから。その大人は見たくない。

さらに語り28では、支援者は南米人の子どもの学習支援を日本人がサポートしていることに感謝を述べていることと同時に、プロジェクトの継続を強く望んでいる。また、支援者も子どもの将来を考え、今後も〔またチャレンジしたい〕と述べ、今後も子どもたちを支援していく意志を表明している。

語り29
1A：これ（翻訳支援）をやると、何か少しでも手伝うかなと感じる。
2U：ああ、その子どもをアナさんがその子どもを助けるみたい、ちょっと手伝っているみたいなかんじがする。
3A：少しでも手伝ってあげたい。何もできない…かもしれないけど、少しでも日本の生活は簡単になるかな、（なる）かもしれないけど。
4U：手伝う。
5A：うん。でも、本当は、うん、日本は南米アメリカとぜんぜん違うから。あの、だから、（生活は）難しい。本当に。

アナは翻訳支援を通して、〔子どもたちを助けている〕という実感を述べている（1A）。その理由は「少しでも日本の生活は簡単になるかな」（3A）と述べ、子どもたちの抱える困難の軽減を図ろうとしていることが窺える。今現在もアナとガブリエラの同胞である子どもたちの問題は解決されてはいない。しかし、アナもガブリエラも子どもの問題を自分たちの身内のことのように捉えているのがわかる。

以上、カテゴリー〈子どもの教育に関われる自分〉を構成するカテゴリーと概念の関係を述べてきた。アナもガブリエラも翻訳支援を通して、自らも学びを実感し、それを子どもたちにも伝えたい、子どもたちが自分と同じように学びの実感を得られれば学校に行きたくなるだろう、つまり不就学などという問題がなくなるだろうと捉え、同時にこのような展望を持ちながら翻訳を進めていたことが窺える。そして、作成した翻訳教材を通して、子どもたちの学習に対する意欲の促進が図れ、将来の子どもの進路の選択肢が拡大すると捉えていた。子どもたちの問題は一時的な問題ではなく、今後も続く

と予想し、この翻訳支援を一過性のものにしてはいけないという強い意志を持つようになった。

7.4　考察

ここでは、研究課題4「日系南米人は教材翻訳支援においてどのように当事者性を獲得したか」に立ち返って、結果を考察する。

言語少数派の人々、とりわけ法律改正を機に就労を目的として来日したニューカマーと呼ばれる日系南米人であるアナやガブリエラのインタビューから、本人達はもちろん、その家族や同胞が教育などの社会的環境から周辺化を余儀なくされていた状況が明らかにされた。特に子どもの言語生態環境は保全されておらず、その結果、中学中退などの不就学という事態に陥り、学齢期の認知的活動を中断せざるを得なかった。さらに、家庭においても、日本語ができない親と、母語ができない子どもの間でコミュニケーションの不全が生じ、子どもは日本語ができない親を尊敬できず、逆に嫌悪感が生まれていた。

言語少数派の人々が言語多数派の人々の社会に参入した場合、教育言語が入れ替わることで、言語少数派の人々の言語の優位性も失われていくことになる。その結果、家庭環境や学校教育を通して各個人のうちに蓄積された知識や技能などの「身体化された文化資本」（ブルデュー 1990）は縮退の一途を辿ることになると推察される。

言語少数派の人々の言語生態環境が保全されない場合は、日本語と母語の力関係の差は拡大し、この格差は親子間で継承されることが予想される。その結果、親子間の断絶はもちろんのこと、子どもの教育、進学および就職などの展望は持ちにくくなる。

このような状況の中、アナとガブリエラは中学国語の教材文翻訳の依頼を受け、母語を活用した翻訳支援を行うことになった。ただし、高度な日本語

力を有する留学生とは異なり、日本語の意味などの理解にも時間が必要だった。しかし、コーディーネーターのサポートを受けながら、翻訳を進めていった。当初は、ネイティブチェックの役割だったが、次第に、翻訳そのものを引き受け、翻訳の領域を拡大していった。役割が受動的なネイティブチェックから能動的な教材文翻訳へと変化していった。このように積極的に関わりを持つようになっていったのは、自分が、子どもの持つ課題の解決の一翼を担えるという当事者性獲得の一つだと考えられる。そして、多種多様な教材文との対話を通して、【自分も学べる存在】となっていった。また、教材文の世界観を子どもに伝えるべく、母語による表現も吟味するようになっていった。その結果、自らの母語の言語生態のみならず、新たな日本語の言語生態も保全された。

　この翻訳教材が、子ども達の将来の進路の選択肢の拡大や子ども達の抱える困難の解決にもつながると考えるようになっていった。そして、この翻訳の取り組みを一過性のものとして終わらせるのではなく、今後も継続していくことを強く望むようになっていった。翻訳支援の実践をする前のアナとガブリエラは、状況を自らが転換できるという思いは持てず、〈子どもの教育に関われない自分〉として存在していたが、自らの母語を十全に活かす翻訳支援を通して、〈子どもの教育に関われる〉と捉えられるようになっていった。

　子どもの母語ができる日本語支援者渡辺からのメールには翻訳に対する謝辞と「内容をよく理解なさって適切な訳をつけてくださっています」という翻訳に対する評価が綴られている。子どもの言語生態環境のみならず、日本人支援者の渡辺のスペイン語の言語生態環境をも良好なものにしている。翻訳実践を通して、自らが子どもの教育を主体的に推進していける当事者となっていったのである。

　この当事者性の獲得には、コーディネーターのサポートが大きく貢献している。言語的なサポートだけではなく、直接支援ができないアナとガブリエ

ラのために、翻訳教材を使用した子どもの様子を伝えている。コーディーネーターから支援の様子を聞き、翻訳教材が機能し、子どもの役に立っているという報告を受け、初めて、子どもを助けているという実感を得、自己効力感が増していることが窺える。

以上のように、翻訳支援者であるアナとガブリエラ、それを使用した子どもの母語ができる渡辺、支援を受けた子ども、そして、翻訳をサポートしたコーディネーターの関係性が翻訳支援を支えている考える。

アナはEの中学卒業謝恩会に招待されていたが、都合で参列することはできなかった。かわりにアナはEにメッセージとささやかなプレゼントを贈った。それを受け取ったEが筆者に「(テキストが)全部スペイン語なのでびっくりした。これまで簡単な日本語で日本人の先生が教科書の内容を教えてくれていた。それもよかったけど、スペイン語の訳文を読んで、自分は初めて本当のこと（テキストの内容）を、全部知ることができた。会ったことのない自分を手伝ってくれてありがとう」とアナに対しての感謝の言葉を述べ、大粒の涙を流した。Eは支援を受けていた当時、来日して4年経過している子どもである。支援前、在籍している学校から、Eはスペイン語をかなり忘れているという評価を受けていた。しかし、スペイン語を忘れているとは言え、Eの日本語よりは思考の過程に寄与できる言語であることは明白であった。現に、Eは簡単な日本語では知りえなかったことを、スペイン語翻訳文で「自分は初めて本当のことを全部知ることができた」という感想を寄せており、スペイン語による教材文に触れ、母語の下で育成された「認知・情意・社会・文化能力と一体化した既有能力」が発揮され、教材内容に深くアクセスできたと推察される。そして、このEの発言は、子どもの日本語力に合わせてわかりやすい表現に書き換えたリライト教材も限りがあると言えるのではないだろうか。

アナとガブリエラは、日本語力に課題を持っているという自覚があるにも関わらず、なぜ、翻訳の依頼を引き受けたのだろうか。それは、親戚やきょ

うだいが不就学になっていく過程を見ていながらも、それをどうにもできなかったという感覚や経験を持っていたからだと言える。そこで、面識もないEのような子どもが対象であっても、同胞を「手伝いたい」という強い気持ちになっていったのだろう。

　翻訳支援を通して、アナとガブリエラは、子どもの学習意欲、進路について口にするようになってくる。つまり子どもの抱えている困難の解決の糸口が見えてきたのである。そして、その課題解決の当事者として自分達が関われると認識するようになっていったと考えられる。

　さらには、当事者として、今後のプロジェクトの継続を希望し、自分もまた続けて支援をしていく意志を表明している。また、学校に対しても子どもへの理解を要望するようになっていった。

7.5　まとめ

　日系南米人支援者を対象に、研究課題である「日系南米人支援者は教材翻訳支援においてどのように当事者性を獲得したか」を明らかにした。この研究課題を明らかにするために、翻訳支援に関するインタビューを行い、データをM-GTAを用いて質的に分析した。

　地域在住の日系南米人支援者（以下、アナとガブリエラとする）は、翻訳支援を始める前から、退学などの学校における子どもの困難や使用言語の違いからおこる家庭における子どもの困難を知っていた。子どもは日本語が思うように話せない親を尊敬できず、嫌悪感を抱いたりしていた。このように、学校や家庭における子どもは言語生態環境も言語生態もよくなかった。アナとガブリエラは子どもの教育に関われず、日本社会から周辺化を余儀なくされていたが、そのような認識は持てずにいた。

　アナとガブリエラはプロジェクトから公立中学校で使用する教材翻訳の依頼がきた時、日本語の問題から、できるかどうか不安を持っていた。しかし、

コーディネーターからサポートを受けながら不安な気持ちを取り除いていった。

　アナとガブリエラは、翻訳作業を通して、日本語の創造的な学びが得られること、日本人の考え方・習慣・歴史がわかるようになり、自らも新たな知識を得ることに喜びを得ていた。翻訳の際は、単純な翻訳ではなく、教材文の日本語の世界観に合う母語の選択を考え、母語と日本語の往還ができるようになり、どちらの言語生態も良好なものになっていった。また、テキストの主題に迫るなどのテキストとの対話を果たし、主体的に翻訳を行っていった。このように、教材文翻訳を通して、自らも考え学べる存在として自分自身を捉えるようになり、自己効力感を持つようになっていった。

　アナとガブリエラは自分たちが翻訳したものを子ども達が読むと学習意欲の促進にもつながるだろうし、進路の選択肢の拡大にもつながると考えるようになっていった。つまり、不就学や退学などの子どもの構造化された問題解決の糸口になると捉えるようになっていった。このように自分たちの行動を子どもの将来の展望を開くものとして捉えられるようになってきた。

　さらに、翻訳支援を通して支援を継続したいという意志が生まれ、子どもの教育に関われる自分として自己を捉えるというように変容していった。

第 8 章　総合考察

本章では、目的と研究課題をまとめ、考察し、最後に結論を述べる。

8.1　各研究のまとめ

本研究の目的は、公立中学校で行われた子どもの母語を活用した教科学習支援に携わった支援者を対象に、支援実践を通して支援者がどのように当事者性を獲得したのかを明らかにしていくことである。

この目的を達成するために、以下の4つの研究課題をたてた。

研究課題1：母語を活用した教科学習支援を行った留学生支援者は教科学習支援を通してどのように当事者性を獲得したか。

研究課題2：母語を活用した教科学習支援を行った留学生支援者の当事者性獲得を支えた支援はどのようなものであったか。

研究課題3：子どもの母語ができる日本人支援者は教科学習支援においてどのように当事者性を獲得したか。

研究課題4：日系南米人支援者は教材翻訳支援においてどのように当事者性を獲得したか。

8.1.1　研究課題1のまとめ

ここでは、研究課題1の「母語を活用した教科学習支援を行った留学生支援者は教科学習支援を通してどのように当事者性を獲得したか」についてまとめる。

「相互育成学習」に基づく支援を行った留学生は、支援に参加する以前は、子どもの抱える困難を知らない状況であった。支援当初、留学生は母語活用

に対する不安を覚える。さらに、日本語支援者との関係性や支援における自分の役割についても不安を覚えていた。

既成の教材もないことから、支援現場で、子どもの母語力を探ることを試みる。また、国語の学習に母語・母文化背景を活かすなどして、オリジナルの母語教材を工夫しながら作成した。その際、日本語支援者と連携することや、子どもの目線になるなどして《探索的母語支援の実践》を行った。

このような支援実践を通して、支援者は子どもの抱える困難を知るようになる。母語支援者は子どもにとって母語は負担ではなく、逆に教科内容の理解を促していくことを実感する。このように、母語活用に対する不安が母語活用は日本語学習のプラスになると考え大きく意識の変容を遂げていく。

日本語支援者との関係についても、支援は日本人支援者と母語支援者の両者の協働作業なのだという認識に変容し、役割への理解が進んでいった。

以上のように、留学生の母語支援に対する意識は、《探索的な母語支援の実践》を通して、母語使用に対する意識が懐疑的なものから肯定的なものへと変容した。つまり、母語が子どもの教科学習を阻害するものだと捉えていたが、これとは反対に、母語は子どもの学習を推進できるいう意識に変容し、自分たちが母語を活用した支援を推進できる当事者であるという認識を持つようになった。

8.1.2 研究課題2のまとめ

ここでは、研究課題2の「母語を活用した教科学習支援を行った留学生支援者の当事者性獲得を支えた支援はどのようなものであったか」についてまとめる。

「相互育成学習」に基づく国語の学習支援を行った留学生は、子どもの母語力を診断するテストや、母語教材がないことから、子どもの母語力や認知力を把握するために、探索的に学習課題を設定し、支援を行っていった。

例えば、日本の和歌を学習する場合は、いきなり、和歌について説明する

のではなく、和歌との共通項の多い漢詩を取り入れながら、和歌を導入していた。その際、自らが中国で漢詩を学習した経験を生かし、和歌と漢詩を対照させた年表を独自に作成し、子どもの既有知識を呼び覚まし、子どもから発言を引き出していた。一方、日本語の文章や時代背景など、日本の文化歴史等に特化した課題については、日本語支援者とともに解決していた。留学生は母語による学習支援において、教材文に内容や子どもの教材文を理解し、熟知していたことから、子どもの理解度や状況を捉えることが可能となり、その結果、日本語による学習支援で、日本語支援者への子どもの代弁者となっていることが認められた。

留学生は、学習支援において母語を排除するのではなく、母語と母文化背景を子どもと共有していることを自分たちの強みになると意識し、積極的に学習支援を実践していたことが明らかになった。このように、留学生は子どもの母語や子どもの母文化背景を活用することで、子どもの言語生態環境を保全し、子どもが母語で培った既有能力を十分に引き出すことが可能となった。

8.1.3　研究課題3のまとめ

ここでは、研究課題3「子どもの母語ができる日本人支援者は教科学習支援においてどのように当事者性を獲得したか」についてまとめる。

渡辺が最初に行った支援は、補助的な通訳という役割を担っていた。その支援で子どもが日本語力の問題から授業が理解できないなどの子どもの抱える困難を知る。その背景には人員不足、予算の問題、子どもの言語生態環境の悪さなど、子どもを取り巻く学習環境の構造的な問題を発見し、新たな状況への転換を図ろうとしていた。その後、「相互育成学習」を基にした新たな学習支援プロジェクトに参加するが、そこでの渡辺の役割は、補助的な通訳ではなく、子どもの母語を使って、主体的に授業を行っていくものだった。渡辺は「専門家ではない」し、「ネイティブではない」ことから、教師の役

割を超えてはいけないという強固な考えを持ち、主体的な支援を担うことについて不安に思っていた。しかし、協働支援者との相互交流を通して、役割を理解し、また、自分自身が持っている既有知識を活かすことで、子どもの支援の主体となれる自分として当事者性を獲得した。

8.1.4　研究課題4のまとめ

ここでは、研究課題4である「日系南米人支援者は教材翻訳支援においてどのように当事者性を獲得したか」についてまとめる。

地域在住の日系南米人支援者（以下、アナとガブリエラとする）は、翻訳支援を始める前から、退学などの学校における子どもの困難や、使用言語の違いからおこる家庭での子どもの困難を知っていた。その結果、子どもは日本語が思うように話せない親を尊敬できず、嫌悪感を持っていた。このように、学校や家庭における子ども言語生態環境も言語生態もよくなかった。アナとガブリエラは子どもの教育に関われず、日本社会から周辺化を余儀なくされていたが、そのような認識は持てずにいた。

アナとガブリエラはプロジェクトから公立中学校で使用する教材翻訳の依頼がきた時、日本語の問題から、不安を抱えていた。しかし、コーディネーターからサポートを受けながら不安な気持ちを取り除き、積極的に翻訳に取り組んでいった。

アナとガブリエラは、翻訳を通して、日本語の創造的な学びが得られること、日本人の考え方・習慣・歴史がわかるようになり、自らも新たな知識を得ることに喜びを感じていた。翻訳の際は、単純な翻訳ではなく、教材文の日本語の世界観に合う母語の選択を考えるようになり、母語・日本語のどちらの言語生態も良好なものになっていった。また、テキストの主題に迫るなどのテキストとの対話を果たし、主体的に翻訳を行っていった。このように、教材文翻訳を通して、自らも考え自分も学べる存在として自分自身を捉えるようになり、自己効力感を持つようになっていった。

アナとガブリエラは自分たちが翻訳したものを子ども達が読むと学習意欲の促進にもつながるだろうし、進路の選択肢の拡大にもつながると考えるようになっていった。つまり、不就学や退学などの子どもの構造化された問題解決の糸口になると捉えるようにり、自分たちの支援が子どもの将来の展望を開くものとして捉えられるようになっていったのである。

このように、翻訳支援を通して支援を継続したいと継続の意志が生まれ、子どもの教育に母語を通して関われる自分として当事者性を獲得していった。

8.2　総合考察

研究課題1から4の対象となった6人の支援者は、いずれも子どもの教科学習の支援者としての当事者性を獲得している。それでは、なぜ、当事者性の獲得が可能となったのだろうか。

まず、研究課題1と2の対象である3人の中国語支援者は、二言語を使用することは子どもの負担になり、さらに、いつまでも母語に頼るのは子どものためによくないという意識であった。この意識を形成しているものは、日本語学習に母語の必要はないという考えである。なぜなら、日本の公立学校では、授業言語は日本語に一面化されており、留学生も、支援で母語を使用するということは、日本語学習を阻害するという考えに囚われていたと推測される。つまり、留学生も知らず知らずのうちに日本の社会通念に取り込まれていたと考えられる。留学生は、子どもと母語および文化背景を共有していると言う点で、子どもの言語および教育の当事者に弁別されるだろう。しかし、母語使用の有効性が見出せず、当事者として子どもの言語生態環境を積極的に保全しようという意識はあまりみられなかった。

支援に関わる前、留学生は、日本の公立学校で学んでいる子どもが直面している困難を知らなかった。生活言語レベルでは、特に問題がない子どもであっても、学習言語レベルではつまずいていることに、留学生は驚きを持っ

て知ることになった。このような状況を目の当たりにして、子どもの言語生態環境への問題意識が生じたと言える。この問題意識が生まれてからは、留学生は積極的に探索的母語支援を開始する。母語による支援で、子どもが深い内容理解を示していたことから、母語使用は子どもの抱える困難の解決に寄与できるという確信に変わり、子どもの教育に関われるという当事者性を獲得していった。そして、この当事者性の獲得を支えていたのは、支援パートナーである日本語支援者との対等な関係性が得られたことがあげられるだろう。この関係性のもと、留学生に母語を積極的に活用する場が得られたことで、留学生の言語生態環境も保全され、その結果、子どもの言語生態環境も保全された。このような環境を構築するためには、日本語支援者との母語活用に対しての共通理解が不可欠となる。

次に、研究課題3の対象となった子どもの母語ができる日本人支援者である渡辺の当事者性の獲得について考察していく。

渡辺が最初に行った支援では、通訳者としての役割を担っていた。つまり、子どもの母語に精通していながらも、その母語支援者としての役割は限定的だったと言える。

渡辺は支援実践を継続する中で、子どもの抱える困難や実態について知るようになる。それは、人員不足、予算の問題、子どもの言語生態環境の悪さなど、子どもを取り巻く学習環境における構造的な問題である。そこで、渡辺は、新たな状況への転換を図る必要性を覚え、人員の数を増やすように頼むなど、実際に周囲の人々に訴えるようになっていった。この時点で、渡辺は、「社会的に恵まれないかわそうな子ども」という発想からすでに抜け出て、子どもの抱える問題を何とかして解決していくべきだという認識を持つようになっていったことが窺われる。つまり、渡辺はすでに当事者性獲得の萌芽がみられたと推察される。

「相互育成学習」に基づいた新たな学習支援プロジェクトへの参加依頼があった時、渡辺はまさに子どもの教育を取り巻く状況の転換を望んでいた時

期であったと言える。しかし、新たな支援プロジェクトは、それまで渡辺が行っていた支援参加の方法とは180度違っていた。まず、一番の違いは支援の役割の違いである。渡辺は最初に行った支援では、「教師の役割を超えてはいけない」という補助的な立場が望まれていた。しかし、新たな支援プロジェクトでは、渡辺自らが支援の主体となることが期待されていた。子どもの母語に精通しているとはいえ、渡辺は子どもの母語話者ではない。また、国語の専門性も持ち合わせていないことから、主体的な支援者となることへの不安を抱えていた。このように「専門家ではない」し、「ネイティブではない」支援者は、主体的な授業者の立場として関わるべきではないという捉え方は、渡辺を取り巻く社会が規定している社会的価値観であると言えよう。

　さらに、「教師の役割を超えてはいけない」という意識は強固なものであった。このような経験が豊富な成人の形づくられた意識の前提の一部をとり崩すことは並大抵のことではない（三輪 2009）。渡辺のように人生における経験値があればあるほど、その意識は強かったと推察される。

　それでは、なぜ、渡辺の新たな支援プロジェクトに対する意識が変容したのだろうか。

　渡辺が参加した新たな支援プロジェクトは大学とチームで行っている。渡辺は大学側の支援者は視点が違うので、理解することが困難であると述べている。しかし、スペイン語が母語の翻訳者からの翻訳教材の提供、支援記録、メーリングリスト、食事会などによる情報交換など人と人との相互交渉を緊密にすることによって、支援の視点を共有していく。このような新たな視点を得たことで、渡辺の子どもの捉え方にも変化が生じてきたのである。そして、渡辺はこれまでの経験やそこで得た既有知識が貴重なリソースを積極的に活かし、子どもの教材理解に貢献していく。平野（2012）は、社会学の領域において「非当事者」が「当事者」との相互交流を通して、「当事者性」を獲得したことを報告している。渡辺も、子どもの教育においては非当事者として弁別されることになる。しかし、子どもを取り巻く社会的環境から、

抑圧された子どもの言語生態環境に気づき、その環境を自らが保全したいと意識した時に、新たな当事者性を獲得したと言える。

　最後に、日系南米人支援者の当事者性獲得について考察していく。

　地域在住の日系南米人支援者は、翻訳支援を始める前から子どもの学校や家庭における日本語力から生起する困難に見舞われていた。この困難は、言語少数派という社会的出自によって被っている困難であると言える。しかし、日本社会においては、言語少数派の人々の日本語の問題は、個々のレベルのものとみなされがちである。学校においては、出身国での言語が日本語に入れ替わることで、言語少数派の人々の言語の優位性も失われていくことになる。その結果、家庭環境や学校教育を通して各個人のうちに蓄積された知識や技能などの「身体化された文化資本」（ブルデュー 1990）は縮退の一途を辿り、言語生態環境も悪くなっていく。

　日系南米人支援者は、このような社会構造を意識できないまま、知らず知らずのうちに、子どもの教育に関われずにいた。当然ながら、子どもの教育の当事者とはなれず、日本社会において自分たちが周辺化されているという認識は持てずにいた。

　それでは、日系南米人支援者はどのように当事者性を獲得していったのだろうか。

　まず、コーディネーターとの協働で行った翻訳作業を通して、日本の文化、歴史、科学などや日本語を学び、日本語の言語生態も良好なものになっていった。自らの理解を基に翻訳した教材が、学校の現場で機能し、子どもの内容理解に役立っていたことから、子どもの言語生態環境の保全に寄与することができたと言えよう。もし、子どもの言語生態環境が保全されない場合は、日本語と母語の力関係の差は拡大していくと推察され、子どもの教育、進学および就職などの展望は持ちにくくなる。日系南米人支援者は、翻訳支援を通して、子どもの将来の進路の選択肢の拡大や子どもたちの抱える困難の解決にもつながると意識するようになった。つまり、子どもの言語生態環

境の保全にの教育を主体的に推進していける当事者となっていったのである。そして、この翻訳の取り組みを一過性のものとして終わらせるのではなく、今後も継続していくことを強く望むようになっていった。

松岡（2006）は、当事者性を「当事者」またはその問題との心理的・物理的な関係の深まる度合いとし、その度合いは一様ではないとしている。

今回の結果については、日系南米人支援者は子どもが日本語の問題で学校教育になかなか関われないでいるという問題的事象を知っていたことから、その問題的事象への心理的な距離は近かったと考えられる。しかし、日系南米人支援者もまた、日本語の問題で子どもの教育に関われないことから、その問題的事象への物理的な距離は遠かったと言えるだろう。留学生支援者と日本人支援者は、問題的事象について全く認識していなかったことから、その心理的距離は遠かったと言える。しかし、両者とも日本語と子どもの母語に精通している点で、支援が可能だった、つまり物理的な距離は近かったと言えるだろう。留学生支援者と日本人支援者を比較すると、留学生支援者の方が、子どもの母語話者支援者という点で、物理的距離は近いと考える。

このように、それぞれ、当事者性の度合いに差はあるものの、支援を通して、心理的・物理的な距離や関係性が深められていったと推察される。

8.3　結論

ここで、本研究の目的である「公立中学校で行われた子どもの母語を活用した教科学習支援に携わった支援者を対象に、支援実践を通して支援者がどのように当事者性を獲得したのか」について述べる。

中国語支援者である留学生の徐、馬、袁、スペイン語支援者である日本人の渡辺、そして、スペイン語翻訳支援者である日系ペルー人のアナ、ポルトガル語翻訳支援者である日系ブラジル人のガブリエラの5人は「相互育成学習」に基づいた支援実践を通して、各々が課題を見出し、その課題の転換を

図ろうとしていた。この課題に向き合い、行動することで、その課題の当事者となっていたことが認められた。

そして、この支援者らの当事者性の獲得を支えたものに、日本人支援者の存在があった。

徐、馬、袁には、母語（中国語）専一の支援の場が与えられていた。この母語専一の場の提供は日本人支援者の理解が必要不可欠となる。また、渡辺にもプロジェクトメンバーや翻訳支援者のサポートがあり、アナやガブリエラには、渡辺や日本人コーディネーターからのサポートがあった。つまり、当事者性は人と人との関係性の中で育まれていくのではないだろうか。市沢（2010）は、当事者性を自覚するということは、自分が様々な関係の中の一人であり、自分の位置を諸関係の中に見出すことだとしている。協働支援者である日本人支援者と母語支援者それぞれが、つながりや関係性が持てた時、当事者性獲得につながる意識の変容がみられるのである。

学校における子どもの教科支援に携わっているのは、圧倒的に日本人が多いが、この教科支援に、子どもと同じ言語的資源を持つ子どもの親や、その近親者、あるいはそのコミュニティで生活する母語話者、さらには、子どもの母語に精通している日本人支援者が参画することで、子どもの言語生態環境が保全され、言語生態も良好なものとなると考えられる。

次に、本研究における支援者間の関係性について図を用いて説明を試みる。

図8-1は「日本語のみで行った教科学習支援の言語生態環境における支援者の関係性」を表している。太い線の円は子どもの言語生態環境を表している。図8-1では、日本人支援者が日本語で学習支援を行っている状況を表している。ただし、場合によっては、母語支援者が、子どもと支援者の通訳となって仲立ちする役割を担うこともみられる。図8-1にあるように、子どもの言語生態環境の保全に関わることができるのは、日本語を使って支援する日本人支援者と子どもの母語ができる日本人支援者である。両者は同じ日本人支援者であっても、子どもの母語はあくまでも副次的な扱いを受けるため、

第8章　総合考察　　221

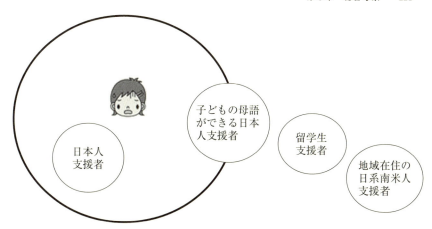

図8-1　日本語のみで行った教科学習支援の言語生態環境における支援者の関係性

参加の様相は限定的である。留学生と地域在住の日系南米人支援者は、子どもの言語生態環境の枠の外にいる。子どもとの距離感は、留学生よりも日系南米人支援者のほうが遠くなっている。留学生の場合は、母語に対して懐疑的なこともあり、積極的に言語生態環境の枠内に入ろうとはしていないことから、心理的な距離は遠かったと言える。他方、日系南米人支援者は、そもそも日本語力を問題視されることから、言語生態環境の中心から周辺化されており、物理的な距離が遠いと言える。そのため、子どもの言語生態環境は日本語のみの保全となる。

図8-2は「教科学習支援に『教科・母語・日本語相互育成学習相互育成学習』を取り入れた子どもの言語生態環境における支援者の関係性」を表す。図8-1と比較すると、すべての支援者が子どもの言語生態環境の枠内に入り、対等的な関係が築かれている。子どもの言語生態も図8-1とは異なり、言語の多様性を十分に活かすことで、言語生態環境が保全されている。

本研究では、母語支援者のよる教科学習支援への参画の具体的な様相が明らかになった。その参画の糸口となったのは、「相互育成学習」を基にして

図8-2　教科学習支援に「教科・母語・日本語相互育成学習相互育成学習」
を取り入れた子どもの言語生態環境における支援者の関係性

行われた学習支援である。「相互育成学習」は子どもの母語と日本語の相互依存関係を基に、子どもの学年相応の認知力の担保を目指しているが、この達成には、母語話者や日本語母語話者など多様な人々の参画が必要とされる。これらの人々が参画することで、子どもの言語生態の保全はもとより、支援者間の言語生態環境の保全をも促していることが示された。

8.4　本研究の意義と今後の課題

　本研究における「相互育成学習」の意義について述べる。
　「相互育成学習」による実践研究では、子どもの読み書き能力の向上（清田 2007）、子どもの学習意欲の向上（朱 2007）、子どもの二言語の認知面の発達（穆 2010、2015）、子どものことばの概念形成の促進（滑川 2015a）等、子どもの意欲の向上や認知面における発達が明らかにされている。
　本研究は、子どもの意欲向上や認知発達を促すための環境、すなわち、言

語生態環境の構築をどのようにするべきかに焦点をあてたものである。言語生態環境の構築に関しては、日本人教員の参加（佐藤 2010）、ブラジル人の親の参加（小田 2010）があるが、さらに多様な人々が十全に参加していくアプローチとして、「相互育成学習」が有効あることを明らかにした点で意義がある。つまり「相互育成学習」は、多様な人々の参画を促すものだと言える。この多様な人々とは、言語だけが多様なのではなく、アナやガブリエラのように言語能力に課題があったとしても、また、渡辺のように教科の専門性が異なっていたとしても、さらに、個々の支援の経験値に差があったとしても、これらも多様性とみなし、受け入れていくということを指している。「相互育成学習」は、このような人々の教科学習支援への参画を推進するボトムアップ的なアプローチだと言える。

　そして、本研究では、教科学習支援への参画の様相を、当事者性の獲得という視点で捉えた。

　当事者性という概念は、第2章で述べたように、社会学や福祉教育において議論が重ねられてきている。日本語教育においても、「当事者」、「非当事者」という表現が見られるが、その概念についての検討が必要だと考える。本研究では、言語少数派の人々および言語多数派の人々誰もが「当事者」になるためには、言語と言語の関係、そして、言語と言語を取り巻く環境に潜む課題の意識化が必要となる。そして、この意識化を促すには、言語生態環境を形作る全ての生活を営む人々が、課題の解決に向けて、実践を通して関係性を築くことが肝要である。「当事者性」とはこの課題を意識化するまでのプロセスだと言える。そして、このプロセスを経て状況の転換を図ろうとする意識を持ったときに、人は「当事者」となる。

　教科学習支援においては、母語支援のやり取りなどの実態に視点をおいた研究はあるが、母語支援者の意識に着目した支援は少ない。本研究では、当事者性の獲得の様相を母語支援者の意識変容から明らかにした。この点で、意義があると考える。

次に本研究の課題について以下の3点を述べる。

まず、本研究の対象となったプロジェクトは、中学校と大学と地域の連携で行われたものである。当該中学校は国際教室を配し、言語少数派の子どもたちの学びに積極的に取り組んでいた学校である。また、大学や地域などの外部の人間が中学校に入ることに対して、国際教室の教員をはじめ、管理職も寛容に受け止めていた。しかし、第1章でも述べたように、言語少数派の子どもが在籍する学校全てにこのような環境があるとは言えない。むしろ、言語少数派の子どもが一人で努力と奮闘を迫られている場合のほうが多い。今後は、このような環境の子どもたちに対してどのようなアプローチが可能か、その手立てを考えていく必要があるだろう。

本研究では、学習支援をする大人を対象にその当事者性の獲得について述べてきた。しかし、言語少数派の子どもは、その生活の大半を学校で過ごす。学校にいるクラスメイトである日本人の子どもが言語少数派の子どもが抱える問題をどのように意識化するのか、それに対してどのような行動を起こすのか、すなわち、どのように当事者性を獲得していくのかを明らかにしていくことが必要となる。

最後に、本研究は2005年〜2007年のデータを対象としている。そこで、その後の社会的事象や状況について概観していく必要がある。

法務省（2016）の調査によると、外国人の総数がリーマンショック後の2009年末から2012年末まで減少し続けたが、2013年末以降は、中国人、フィリピン人、ベトナム人を中心に増加が続いている。

第1章で述べた「日本語指導が必要な児童生徒の受け入れ状況等に関する調査」（文部科学省 2017）にある日本語指導が必要な外国人児童生徒数を見てもフィリピノ語が3番目に多い。フィリピンの公立学校では文系の科目はフィリピノ語で、理系の言語は英語で教育を受けており、私立学校は国語以外の科目はすべて英語で授業をする場合があるという（河原 2011）。このように、同じ国であったとしても言語は多様化している。このような状況で、

どのような支援のアプローチが可能であるか、どのように周辺にいる大人を巻き込んでいくかが、今後の課題となる。

参 考 文 献

青木直子（2008）「日本語を学ぶ人たちのオートノミーを守るために」『日本語教育』**138**, 33-42

秋田喜代美「教育・学習における質的研究」秋田喜代美・能智正博編（2007）『はじめての質的研究法―教育・学習編―』東京図書 3-20

石井恵理子（2000）「ポルトガル語を母語とする在日外国人児童生徒の言語教育に関する父母の意識」『第7回国立国語研究所国際シンポジウム第1専門部会日系ブラジル人のバイリンガリズム』国立国語研究所, 116-137

池上摩希子（2007）「「地域日本語教育」という課題―理念から内容と方法へ向けて―」『早稲田大学日本語教育研究センター紀要』**20**, 105-117

池上摩希子・末永サンドラ輝美（2009）「群馬県太田市における外国人児童生徒に対する日本語教育の現状と課題―『バイリンガル教員』の役割と母語による支援を考える―」早稲田日本語教育学 **4**, 15-27

市沢哲（2010）「『よそ者』の効用―『参加型開発論』に学ぶ『自立』と『当事者性』」『神戸大学大学院人文学研究科地域連携センター年報』**2**, 165-169

ヴァンリア, L（2009）『生態学が教育を変える―多言語社会の処方箋―』ふくろう出版．（原著 2004年. Glaser, van Lier, L. *The Ecology and Semiotics of Language Learning. A Sociocultural Perspective.* Boston, Dordrecht, New York, London：Kluwer Academic Publishers.）

宇津木奈美子（2008）「子どもの母語を活用した学習支援における母語話者支援者の意識変容のプロセス」『人間文化創成科学論叢』**10**, 85-94

宇津木奈美子（2009）「中国語母語話者支援者に意識の変容をもたらした教科支援の実態」『言語文化と日本語教育』**37**, 21-30

宇津木奈美子（2010）「地域の日系南米人による教科支援の可能性―国語教材文の翻訳活動を通して―」『母語・継承語・バイリンガル教育（MBH）研究』**6**, 59-79

太田春雄（2002）「教育達成における日本語と母語」宮島喬・加納弘勝編『国際社会〈2〉変容する日本社会と文化』東京大学出版会 93-118

大野久（2002）「質的研究の方法：松嶋秀明氏論文へのコメント」『青年心理学研究』**14**, 67-72.

大石正道（1999）『生態系と地球環境のしくみ』日本実業出版社
岡崎敏雄（1997）「日本語・母語相互育成学習のねらい」『平成8年度外国人児童生徒指導資料』茨城県教育庁指導課, 1-7
岡崎敏雄（2004）「外国人年少者日本語読解研究方法論：原理論」『文藝言語研究・言語編』筑波大学 45, 29-46
岡崎敏雄（2005a）「言語生態学原論―言語生態学の理論的体系化―」お茶の水女子大学日本言語文化研究会編『共生時代を生きる日本語教育―言語学博士上野田鶴子古希記念論集―』凡人社 503-554
岡崎敏雄（2005b）「外国人年少者の教育学習のための日本語習得と母語保持・育成―小学校中高学年中学生の学習支援―」『文藝言語研究言語篇』筑波大学 47, 1-13
岡崎敏雄（2006）「外国人年少者の読解：生活言語を基礎とした学習言語習得の方法論的枠組み」『文藝言語研究 言語篇』筑波大学 49, 1-15
岡崎敏雄（2009）『言語生態学と言語教育―人間の存在を支えるものとしての言語―』凡人社
岡崎眸（2005）「年少者日本語教育の課題」お茶の水女子大学日本言語文化研究会編『共生時代を生きる日本語教育―言語学博士上野田鶴子古希記念論集―』凡人社 165-179
岡崎眸（2008）「日本語ボランティア活動を通じた民主主義の活性化―外国人と日本人双方の「自己実現」に向けて―」『日本語教育』138, 14-23
岡崎眸（2010）「『子どもの実質的な授業参加』を実現する年少者日本語教育：二つのアプローチによる検討」『社会言語科学』13（1）, 19-34
小田珠生（2010）「言語少数派の子どもに対する父母と協働の持続性ケアモデルに基づく支援授業の可能性―言語生態学の視点から―」お茶の水女子大学博士論文（未公刊）
外国人集住都市会議東京2012（2012）「多文化共生社会をめざして―すべての人がつながり　ともに築く地域の未来―」
外国人集住都市会議東京（2012）「当日配布資料」
http://www.shujutoshi.jp/2012/pdf/2012siryo.pdf〈2016年10月16日取得〉
菊池哲佳（2015）「多言語情報提供における多文化社会コーディネーターの必要性―多言語防災ビデオ制作の省察から―」『多言語多文化：実践と研究』7, 52-67
川喜田二郎（1967）『発想法―創造性開発のために―』中公新書
川喜田二郎（1970）『続・発想法―KJ法の展開と応用―』中公新書
河原俊昭（2011）「言語とアイディンティティ―日本に住むフィリピン人を中心に―」

『接触場面・参加者・相互行為 接触場面の言語管理研究』**9**, 1-16

木下康仁（2003）『グラウンデッド・セオリー・アプローチの実践』弘文堂

清田淳子（2007）『母語を活用した内容重視の教科学習支援方法の構築に向けて』ひつじ書房

清田淳子（2008）「プロジェクトの概要」『母語を活用した教科学習の過程と結果の分析―日本語を母語としない児童生徒の場合―』平成17年～19年度科学研究補助金研究成果報告書、課題番号 17652049（研究代表者　岡崎眸）1-7

グレイザー, B.G・ストラウス A.L.（1996）『データ対話型理論の発見』（後藤隆・大出春江・水野節夫訳）新曜社.（原著 1967年. Glaser, B. and A. L. Strauss. *The Discovery of Grounded Theory：Strategies for Qualitative Research*, Chicago：Aldine Publishing Company.）

クラントン, P（2004）『おとなの学びを創る―専門職の省察的実践をめざして』（入江直子・三輪建二監訳）鳳書房.（原著 1996年. Cranton. P, *Professional Development as Transformative Learning―New Perspectives for Teachers of Adults*. Toronto：Wall Emeerson.）

クラントン, P（2005）『おとなの学びを拓く―自己決定と意識変容をめざして』（入江直子・豊田千代子・三輪建二共訳）鳳書房.（原著 1992年. Cranton, P. *Working with Adault Learners*.Tronto：Wall & Emerson.）

是川夕（2012）「日本における外国人の定住化についての社会階層論による分析―職業達成と世代間移動に焦点をあてて―」内閣府

齋藤ひろみ（2002）「学校教育における日本語学習支援」『日本語学』**21**, 23-35

齋藤ひろみ（2009）「成長・発達モデルから見た移動する子どもたちの状況」齋藤ひろみ・佐藤郡衛編『文化間移動をする子どもたちの学び―教育コミュニティの創造に向けて―』ひつじ書房

齋藤ひろみ・池上摩希子・近田由紀子編（2015）『外国人児童生徒の学びを創る授業実践―「ことばと教科の力」を育む浜松の取組み―』くろしお出版

佐久間孝正（2014）「文部科学省の外国人児童生徒受け入れ施策の変化」『専修人間科学論集社会学篇』**4**(2), 35-45

佐藤真紀（2010）「学校環境における言語少数派の子どもの言語生態保全―『教科・母語・日本語相互育成学習モデル』の可能性」お茶の水女子大学博士論文（未公刊）

朱桂栄（2007）『新しい日本語教育の視点―子どもの母語を考える―』鳳書房

ショーン, D（2007）『省察的実践とは何か―プロフェッショナルの行為と思考―』柳

沢昌一・三輪建二監訳）鳳書房．（原著 1983年．Schön, D. *The Reflective Practitioner：How Professionals Think In Action*：Basic Books.）
菅原雅枝（2009）「学習を支えるネットワーク―川崎市の実践から」齋藤ひろみ・佐藤郡衛編『文化間移動をする子どもたちの学び―教育コミュイティの創造に向けて―』ひつじ書房 173-195
杉澤経子（2009）「『多文化コーディネーター養成プログラム』づくりにおけるコーディネーターの省察的実践」『シリーズ多言語・多文化協働実践研究』別冊1, 6-30
杉澤経子（2012）「地域日本語教育分野におけるコーディネーターの専門性―多文化社会コーディネーターの視座から―」『シリーズ多言語・多文化協働実践研究』15, 6-25
孫暁英（2012）「在日中国人児童の支援活動における留学生の役割―東京都荒川区での実践を事例として―」『早稲田大学大学院教育学研究科紀要』別冊20-2, 37-47
孫暁英（2013）「在日中国人生徒の生活実態及び今後の課題に対する一考察―留学生支援者の報告書の分析から―」『早稲田大学大学院教育学研究科紀要』別冊21-1, 47-57
盛敏・津田英二（2014）「ボランティア学習において当事者の状況を共有することの意味―マイノリティとマジョリティ社会を媒介するボランティアの機能に着目して―」『日本福祉教育・ボランティア学習学会』23, 5-14
高橋朋子（2009）『中国帰国者三世四世の学校エスノグラフィー―母語教育から継承語教育へ―』生活書院
高橋正明（2008）「発刊に当たって」『多言語多文化：実践と研究』1, 3-4
竹ノ下弘久（2005））「『不登校』『不就学』をめぐる意味世界」宮島喬・太田晴雄編『外国人の子どもと日本の教育―不就学問題と多文化共生の課題―』東京大学出版会 119-138
丹野清人（2009）「外国人労働者問題の根源はどこにあるのか」『日本労働研究雑誌』587, 27-35
津田英二（2011）『インクルーシヴな社会をめざして〈共に生きる〉とはどういうことか』かもがわ出版
塚原信行（2010）「母語維持をめぐる認識と実践―ラテン系コミュニティと日本社会―」ことばと社会編集委員会・編『ことばと社会』12, 48-77
土屋隆史（2012）「母語支援に関わって」『言語少数派子どもと日本人子どもの学び合いを活かした在籍級の授業モデル作りに向けて』 平成21年度科学研究費補助金

研究報告書　基盤研究（C）：課題番号　21520528（研究代表者　清田淳子）163-165
内藤哲雄（1997）『PAC分析実施法入門［改訂版］：「個」を科学する新技法への招待』ナカニシヤ出版
中島和子（2010）『マルチリンガル教育への招待―言語資源としての外国人・日本人年少者』ひつじ書房
中島葉子（2007）「支援―被支援関係の転換―ニューカマーの教育支援と『当事者性』―」異文化間教育　アカデミア出版会　25, 90-104
中西正司・上野千鶴子（2003）『当事者主権』岩波書店
滑川恵理子（2015a）「言語少数派の子どもの生活体験に裏打ちされた概念学習―身近な大人との母語と日本語のやり取りから―」『日本語教育』160, 49-63
滑川恵理子（2015b）「言語少数派の親子をつなぐことばの育成をどのように支援するか―『親の愛情』に着目した生態学的アプローチ―」『異文化間教育』42, 1-15
二井紀美子（2015）「日本の公立学校における外国人児童生徒の理想と実態―就学・卒業認定基準を中心に―」『比較教育学研究』51, 3-14
西田ひろ子・根橋玲子・佐々木由美（2011）「公立小学校とブラジル人学校のブラジル人保護者が抱える問題」西田ひろ子編著『ブラジル人生徒と日本人教員の異文化間コミュニケーション』風間書房 103-144
日本ユニセフ協会「子どもの権利条約」http://www.unicef.or.jp/about_unicef/about_rig_all.html〈2015年8月7日取得〉
野尻紀恵（2014）「福祉教育の当事者としての子ども―子どもの生活課題を視野にいれて―」『日本福祉教育・ボランティア学習学会』23, 16-26
野津隆志（2010）「母語教育の研究動向と兵庫県における母語教育の現状」『外国人児童の母語学習支援をめぐるネットワーク形成の国際比較』平成19年度～21年度科学研究費補助金（基盤研究（C））研究成果報告書　課題番号　19520461　研究代表者松田陽子 1-14
野津隆志（2016）「現場生成型の異文化間教育学研究の可能性―現場に根ざし変革を追求する研究とは―」『異文化間教育』43, 80-89
ハールマン, H（1985）『言語生態学』（早稲田みか訳）大修館書店
朴智英（2006）「母語を活かした日本語指導―韓国人児童への支援を通して―」川上郁雄編著『「移動するこどもたち」と日本語教育―日本語を母語としない子どもへのことばの教育を考える―』明石書店 121-141
原みずほ（2003）「外国系児童の母語の習得と育成に関する父母の認識―A小学校児

童 6 名の父母へのインタビューを通して―」お茶の水女子大学21世紀 COE プログラム『壇上から死までの人間発達科学』平成14年度公募研究成果論文集 173-185

原田正樹（2006）「福祉教育が当事者性を視座にする意味―いのち・私・社会を問うための福祉教育であるために―」日本福祉教育・ボランティア学会年報 VOL.11『福祉教育・ボランティア学習と当事者性』万葉舎 34-55

バトラー後藤裕子（2011）『学習言語とは何か―教科学習に必要な言語能力―』三省堂

樋口直人（2005）「共生から統合へ―権利保障と移民コミュニティの相互強化へ向けて―」梶田孝道・丹野清人・樋口直人著『顔の見えない定住化』名古屋大学出版会 285-305

平田昌子（2010）「ダブル・リライト教材使用の試み―韓国人 JSL 児童生徒を対象に―」『桜美林言語教育論叢』**6**, 45-62

平田昌子（2011a）「読みへの橋渡しを目指した日本語支援の提案―ダブル・リライト教材使用の試み―」『桜美林言語教育論叢』**7**, 61-78

平田昌子（2011b）「学習言語を視野に入れた読みの活動への橋渡し―二言語併用リライト教材を取り入れた日本語支援の提案―」『言語教育研究』**1**, 13-23

平野智之（2012）「『関係性としての当事者性』試論」『人間社会学研究集録』**7**, 99-119

フリック，U（2002）『質的研究入門―〈人間科学〉のための方法論』（小田博志・山本則子・春日常・宮地尚子訳）春秋社．（原著 1995年, Flick, U. *Qualitative Forschung*, Reinbek bei Hamburg：Rowohlt Taschenbuch Verlag GmbH）

ブルデュー，P（1990）『ディスタンクシオン　社会的判断力批判Ⅰ・Ⅱ』（石井洋二郎訳）藤原書店（原著 1979年, Bourdieu, P. *La distinction*：*Critique sociale du jujegment*,：Éditions de Minuit）

ブルデュー，P・パスロン，J（1991）『再生産―教育・社会・文化』（宮島喬訳）藤原書店（原著 1970年, Bourdieu, P. & Passeron, J. *La reproduction*：*Éléments pour une théorie du système d'enseignement*,：Éditions de Minuit）

ベイカー，C（1996）『バイリンガル教育と第二言語習得』（岡秀夫訳・編）大修館書店（原著 1993年, Baker, C. *Foundations of bilingual education and bilingualism*, Clevedon：Philadelphia Multilingual Matters.

兵庫県教育委員会（母語教育支援センター校等連絡会）（2009）『平成20年度　新渡日の外国人児童生徒にかかわる母語教育支援事業実践報告書』http://www.hyogo-c.ed.jp/~mc-center/document/bogo-report/h20bogokyouikushien.pdf〈2015年8月7日取得〉

法務省（2018）「平成29年末現在における在留外国人数について（確定値）」http://www.moj.go.jp/nyuukokukanri/kouhou/nyuukokukanri04_00073.html〈2018年4月23日取得〉

法務省（2016）「在留外国人統計」
http://www.e-stat.go.jp/SG1/estat/List.do?lid=000001150236〈2016年5月25日取得〉

松井洋子・早野慎吾（2007）「年少者に対する日本語教育支援に関する研究（2）―保護者と家庭環境の調査から―」『宮崎大学教育文化学部紀要人文科学』**16**, 13-30

松岡廣路（2006）「福祉教育・ボランティア学習の新機軸―当事者性・エンパワメント―」『日本福祉教育・ボランティア学習学会年報』**11**, 12-32

松田文子・光元聰江・湯川順子（2009）「JSLの子どもが在籍学級の学習活動に積極的に参加するための工夫―リライト教材を用いた『日本語による学ぶ力』の育成―」『日本語教育』**142**, 145-155

水野かほる・矢崎満夫・高畑幸（2014）「在日外国人の子どもを対象とした教育支援―静岡県内における大学生の活動から―」『国際関係・比較文化研究』（静岡県立大学国際関係学部）**13**（1）, 131-147

三輪建二（2009）『おとなの学びを育む―生涯学習と学び合うコミュニティの創造―』鳳書房

メジロー，J.（2012）『おとなの学びと変容―変容的学習とは何か―』（金澤睦・三輪建二共訳）鳳書房．（原著 1991年, Mezirow, J. *Tranfomative dimensions of adult learning* .San Francisco：Jossey-Bass）

宮澤千澄（2008）「母語支援（先行学習）に携わって」『母語を活用した教科学習の過程と結果の分析―日本語を母語としない児童生徒の場合―』平成17年～19年度科学研究補助金研究成果報告書、課題番号 17652049（研究代表者 岡崎眸）180-184

宮島喬（1994）『文化的再生産の社会学―ブルデュー理論からの展開―』藤原書店

宮島喬（2014）『外国人の子どもの教育―就学の現状と教育を受ける権利―』東京大学出版会

光元聰江・岡本淑明（2006）『外国人児童・生徒を教えるためのリライト教材』ふくろう出版

穆紅（2010）「言語少数派の子どもの継続的認知発達の保障―生態学的支援システム

の構築に向けて—」お茶の水女子大学博士論文（未公刊）

穆紅（2015）「言語少数派の子どもの言語活動の展開様相—言語・言語活動・人間活動の一体化の視点から—」『母語・継承語・バイリンガル教育（MHB）研究』11, 26-48

文化庁（2004）『地域日本語学習支援の充実—共に育む地域社会の構築へ向けて』

文化庁・文化審議会国語文科会日本語教育小委員会課題整理に関するワーキンググループ（2013）「日本語教育の推進に向けた基本的な考え方と論点の整理について（報告）」
http//www.bunka.go.jp/seisaku/bunkashingikai/kokugo/hokoku/pdf/suishin_130218.pdf〈2016年5月18日取得〉

文化庁・文化審議会国語分化会「地域における日本語教育の推進に向けて—地域における日本語教育の実施体制及び日本語教育に関する調査の共通利用項目について—（報告）」（2016）
http//www.bunka.go.jp/seisaku/bunkashingikai/kokugo/hokoku/pdf/hokoku_160229.pdf 〈2016年5月18日取得〉

文部科学省（2004）「横浜市における国際教育に関する取組について」『初等中等教育における国際教育推進検討会』第1回目資料 http://www.mext.go.jp/b_menu/shingi/chousa/shotou/026/shiryou/04102501/003.htm〈2012年3月13日取得〉

文部科学省（2006）『外国人の子どもの不就学実態調査の結果について』
http://www.mext.go.jp/a_menu/shotou/clarinet/003/001/012.htm〈2013年3月13取得〉

文部科学省初等中等教育局国際教育課（2011）『外国人児童生徒受入れの手引き』
http://www.mext.go.jp/a_menu/shotou/clarinet/002/1304668.htm〈2015年8月7日取得〉

文部科学省（2012）「高等学校教育の現状」
http://www.mext.go.jp/b_menu/shingi/chukyo/chukyo3/047/siryo/__icsFiles/afieldfile/2013/06/14/1334827_6.pdf#search='%E9%AB%98%E7%AD%89%E5%AD%A6%E6%A0%A1%E6%95%99%E8%82%B2%E3%81%AE%E7%8F%BE%E7%8A%B6'〈2016年10月16日取得〉

文部科学省（2014）「学校教育法施行規則の一部を改正する省令等の施行について（通知）」http://www.mext.go.jp/a_menu/shotou/clarinet/003/1341903.htm〈2018年6月17日取得〉

文部科学省（2017）「『日本語指導が必要な児童生徒の受入状況等に関する調査（平成

28年度)』の結果について
http://www.mext.go.jp/b_menu/houdou/29/06/__icsFiles/afieldfile/2017/06/21/1386753.pdf〈2018年4月23日取得〉

山田泉（2011）「年少者（児童・生徒）に対する日本語教育」日本語教育政策マスタープラン研究会『日本語教育で作る社会—私たちの見取り図—』ココ出版 119-138

やまだようこ編（2007）『質的心理学の方法—語りをきく—』新曜社

山中文枝（2009）「体験・探求・発信する授業—授業『赤ちゃんのふしぎ』の取り組みを通して—」齋藤ひろみ・佐藤郡衛編『文化間移動をする子どもたちの学び—教育コミュニティの創造に向けて—』ひつじ書房 55-85

山西優二（2009）「多文化社会コーディネーターの専門性と形成の視点」『シリーズ多言語・多文化協働実践研究』**11**, 4-12

山西優二（2012）「多文化共生に向けての地域日本語教育のあり様と多文化コーディネーターの役割」『シリーズ多言語・多文化協働実践研究』**15**, 26-38

山ノ内裕子（2011）「日系ブラジル人の移動とアイデンティティ—学校教育とのかかわりから—」三田千代子編著『グローバル化の中で生きるとは—日系ブラジル人のトランスナショナルな暮らし—』Sophia University Press 上智大学 181-193

（財）横浜市国際交流協会（YOKE）（2003）『平成14年度　YOKEと横浜市立港中学校との連携による母語を生かした学習支援モデル事業実施報告書』

（財）横浜市国際交流協会（YOKE）（2004）『平成15年度　母語を生かした学習支援モデル事業実施報告書』

湯川笑子（2006）「年少者教育における母語保持・伸長を考える」『日本語教育』128, 13-23

吉田多美子（2008）「外国人子女の教育問題—南米系外国人を中心に—」『人口減少社会の外国人問題：総合調査報告書』国立国会図書館調査及び立法考査局 125-140〈http://www.ndl.go.jp/jp/data/publication/document/2008/20080111.pdf　2013年3月22日取得〉

渡戸一郎（2010）「『政策』分野における多文化社会コーディネーターのあり方と課題」『シリーズ多言語・多文化協働実践研究』別冊 **3**, 58-65

Cummins, J. (1984). *Bilingualism and special education：Issues in assessment and pedagogy.* Clevedon, U.K.：Multilingual Maters.

Cummins, J. (1989). *Empowering Minority Students*, Carifornia Association for Bilingual Education.

Cummins, J. (1996). *Negotiating identities : Education for empowerment in a diverse society*. Ontario : California Association for Bilingual Education.

Cummins, J. (2000).*Language and power and pedagogy : Bilingual children in the crossfire*. Clevedon : Multilingual Matters.

Haugen, E. (1972).*The Ecology of Language*.Stanford,Calfornia : Stanford University Press.

Hornberger, N.H. (2002) Multilingual anguage policies and the continua of biliteracy : An ecological approach. *Language Policy*, 1, 27-51

Kaplan, R.B.and Baldauf, R.B.Jr. (1997). *Language planning : From Practice to Theory*.Clevedon : Multilingual Matters.

Mezirow. J. & Associates, eds. (1990). *Fostering Critical Reflection in Adulthood*. San Francisco : Jossey-Bas.

Mühlhäusler, P. (1996). *Linguistic ecology : Langage change and Linguistic imperialism in the Pacific region*.London : Routledge.

Mühlhäusler, P. (2000). Language planning and language ecology : A current issues in Language Planning. *Current Issues in Language Planning*, **1**(3) 306-367.

Skutnabb-Kangas, T. (2000). *Linguistic genocide in educationor worldwide diversity and human rights?* Mahwah, NJ : Erlbaum.

教科書
三角洋一・相澤秀夫他（2006）『新編新しい国語2』東京書籍
三角洋一・相澤秀夫他（2006）『新編新しい国語3』東京書籍

なお、本書に収録した成果の一部は、下記の論文において発表した。

第 4 章
宇津木奈美子（2008）「子どもの母語を活用した学習支援における母語話者支援者の意識変容のプロセス」『人間文化創成科学論叢』**10**, 85-94

第 5 章
宇津木奈美子（2009）「中国語母語話者支援者に意識の変容をもたらした教科支援の実態」『言語文化と日本語教育』**37**, 21-30

第 7 章
宇津木奈美子（2010）「地域の日系南米人による教科支援の可能性―国語教材文の翻訳活動を通して―」『母語・継承語・バイリンガル教育（MHB）研究』**6**, 59-79

謝　辞

　本書は、平成29年3月にお茶の水女子大学大学院人間文化創成科学研究科に提出した博士論文を一部加筆修正したものです。出版にあたっては、独立行政法人日本学術振興会平成30年度科学研究費助成事業（科学研究費補助金）（研究成果公開促進費）（課題番号：18HP5074）の交付を受け、この度、刊行の運びとなりました。ここに至るまで、多くの方々のご指導、ご協力をいただきました。この場を借りて、心より感謝申し上げます。

　まずは、お茶の水女子大学の佐々木泰子先生には、研究に関しての新たな視点をいただき、多くのことを学ばせていただきました。また、論文の作成過程において、私が行き詰っている時にご助言や激励のお言葉をいただきました。

　学位論文審査において、お茶の水女子大学の加賀美常美代先生、森山新先生、伊藤美重子先生、西川朋美先生には、貴重なご指摘やご助言をいただきました。

　お茶の水女子大学を退官されました岡崎眸先生（現・城西国際大学）には、修士・博士課程と長い間ご指導いただき、実践研究のあり方について学ばせていただきました。

　佐々木泰子先生のゼミの皆さんからは、多くの貴重なご助言をいただきました。

　ここに、研究を支えてくださいました方々に、厚くお礼申し上げます。

　研究を行うにあたっては、神奈川県横浜市の市立中学校の先生方や生徒のみなさま、および、「NPO法人子どもLAMP」のみなさまから多大なご協力とご支援をいただきましたこと、深く感謝いたします。

　LAMPで学習支援をした子どもたちは、日本語がわからないことのもど

かしさ、日本語の問題から授業になかなかついていけないことのくやしさ、そして、授業が理解できたときの喜びを、言葉や態度で伝えてくれました。これらの子どもたちの母語支援を担当された本研究の支援者のみなさまには、多くの示唆を与えていただきました。子どもたちや支援者のみさまの声を掬い取らなければならない、だれかに発信していかなければならないと考えるようになったことが、私の研究の始まりでした。子どもたちや支援者のみなさまとの出会いがなければ、私の研究は成立できなかったと思います。

　そして、支援活動および論文執筆を根気よく支えてくださいました清田淳子さん、三輪充子さん、高梨宏子さんにお礼申し上げます。清田淳子さんからの「支援者のためもこの論文を世の中にだすべきだ」という一言が執筆の大きな原動力となりました。

　本書の出版にあたりましては、風間書房の風間敬子氏と編集を担当してくださった古谷千晶氏に大変お世話になりました。深く感謝申し上げます。

　最後に、長い間、私を理解し、支えてくれた家族に感謝します。

　　2018年11月

　　　　　　　　　　　　　　　　　　　　　　　　　　　宇津木奈美子

著者略歴

宇津木 奈美子（うつき なみこ）
お茶の水女子大学大学院人間文化創成科学研究科比較社会文化学専攻博士後期課程修了。博士（人文科学）。専門は年少者日本語教育。NPO法人子どもLAMP会員。帝京大学帝京スタディアブロードセンター日本語予備教育課程専任講師。
主な論文に「子どもの母語を活用した学習支援における母語話者支援者の意識変容のプロセス」（『人間文化創成科学論叢』10巻 pp.85-94）、「地域の日系南米人による教科支援の可能性―国語教材文の翻訳活動を通して―」（『母語・継承語・バイリンガル教育（MBH）研究』6号 pp.59-79）などがある。

教科学習支援における母語支援者の当時者性獲得

2018年12月25日　初版第1刷発行

著　者　　宇津木奈美子
発行者　　風　間　敬　子
発行所　　株式会社　風　間　書　房
〒101-0051　東京都千代田区神田神保町1-34
電話03(3291)5729　FAX 03(3291)5757
振替00110-5-1853

印刷　藤原印刷　　製本　高地製本所

©2018　Namiko Utsuki　　　　　　　NDC 分類：810
ISBN978-4-7599-2255-4　　Printed in Japan

JCOPY 〈(社)出版者著作権管理機構 委託出版物〉
本書の無断複製は、著作権法上での例外を除き禁じられています。複製される場合はそのつど事前に(社)出版者著作権管理機構（電話03-3513-6969、FAX 03-3513-6979、e-mail: info@jcopy.or.jp）の許諾を得て下さい。